在婚姻里遇见更好的自己

文启智/编著

关于婚姻
关于幸福
关于更好的你

中华工商联合出版社

图书在版编目（CIP）数据

在婚姻里遇见更好的自己 / 文启智编著. — 北京 : 中华工商联合出版社, 2017.11

ISBN 978-7-5158-2134-4

Ⅰ. ①在… Ⅱ. ①文… Ⅲ. ①婚姻—通俗读物 Ⅳ. ①C913.13-49

中国版本图书馆CIP数据核字（2017）第262777号

在婚姻里遇见更好的自己

作　　者：文启智
策划编辑：傅德华
责任编辑：楼燕青
封面设计：周　源
责任审读：李　征
责任印制：迈致红
出版发行：中华工商联合出版社有限责任公司
印　　刷：北京毅峰迅捷印刷有限公司
版　　次：2018年4月第1版
印　　次：2018年4月第1次印刷
开　　本：710mm × 1020mm　1/16
字　　数：160千字
印　　张：13.25
书　　号：ISBN 978-7-5158-2134-4
定　　价：35.00元

服务热线：010-58301130
销售热线：010-58302813
地址邮编：北京市西城区西环广场A座
19-20层，100044
Http：//www.chgslcbs.cn
E-mail：cicap1202@sina.com（营销中心）
E-mail：gslzbs@sina.com（总编室）

前言

亲爱的女人们，有想过婚姻中自己的样子吗？我想一定有。那一幕里也肯定有以下的场景：

带着美好的愿景，携手相爱之人，登上开往春天的幸福列车。往后的日子便是徜徉在爱河中，沐浴着甜言蜜语，卿卿我我，活在当下，不用去操心未来和柴米油盐，在一生如初见般的相濡以沫中，陪着对方慢慢变老。

然而，现实却总是不那么尽如人意。才处于新婚中的我们，似乎突然之间就把幸福弄丢了。婚姻里的自己被不满、猜忌、争吵、抱怨、背叛折磨得精疲力尽，仿佛自己在瞬息间从天堂掉落到了地狱，落得一副狼狈不堪的样子。

你不禁发问道："不是说，婚姻是上天给我们的最好礼物，为什么当我打开没多久，才发现它居然是一个潘多拉魔盒？"

你将得到一个字的回答："哦！"

于是，你开始变得暴躁、愤怒，你们吵得面红耳赤。

这时，你又会得到一个回答："这就是为什么别人得到的是最好的礼物，而你得到的却是潘多拉魔盒。因为你还是一如既往，不懂得改变。"

不可否认，幸福的婚姻是靠个人的努力争取来的。为此，你需要付出努力，因为幸福的婚姻不可能一蹴而就，也不是你动动嘴皮子就能实现的，它需要你调整自己，用心修炼，完善自己。然而，又会有很多女人跳出来说，自己本就如此，为什么结了婚反而需要改变？再说改变后的自己就不是原本那个自己了，不是吗？听着貌似没问题。但这些冠冕堂皇的理由下面掩藏着一个“懒”字。我想从内心深处，你一定也想要尝试一下遇见那个更好的自己是什么样子。其实，不妨告诉你，那个更好的自己远比你想象中的还要优秀很多，但很多时候，你只是被自己圈禁在“不可能”的安乐窝里，而没有勇气去改变，因为你害怕失败。然而，失败了又怎么样呢？起码你比最初的自己又优秀了好多，不是吗？

再说回婚姻。

初遇婚姻，作为新手的你可能会有点儿茫然而不知所措，因为它并不是你想象的那样，也没有按照你最初设定的剧本在演出，已然认清了这一点的你就应知道自己还需要不断地学习。这时，你将遇见一个更加努力的自己。

婚后的你更需要美丽，打造自己的完美身材，让自己变得更加优雅、幽默且自信。不要觉得那是一件麻烦的事情，有时候女人们应当为悦自己容而不仅仅是为悦己者容。这时，你将遇见一个更有魅力的自己。

两个人从陌生最终走向婚姻，再幸福的婚姻，其中的摩擦肯定也少不了。有矛盾了，有争吵了，有冲突了，所有的这些其实都不可怕，因为你在婚姻中慢慢懂得了沟通、包容。这时，你将遇见一个更通情达理的自己。

以前单身的自己嚣张跋扈，喜欢各种抱怨、指责，不喜欢给人留面子。渐渐地，你发现再坚强的男人也会有一颗玻璃心。为了你爱的男人，也为了自己，你开始仰视你的男人，懂得给男人足够的面子，你的男人也渐渐地变得越来越成功。这时，你将遇见更懂得欣赏的自己。

……

的确，婚姻始于爱情，却终于成长。在漫漫婚姻路上，突然有一天，你发现自己已然变成了一个自信、美丽、有温度、有爱、有强大内心、更会生活、情商更高的自己。

愿我们每个人都能拥有一段美好而幸福的婚姻。

第一章

初识婚姻，遇见需要努力的自己

婚姻是上天给我们的最好礼物，我们绝不能肆意挥霍，反而要用心呵护。

因为即使是再轰轰烈烈的爱情，也会归于平淡，更经不起折腾。

初遇婚姻，我们更多的是惊慌失措、无所适从。

没关系！我们会通过自己的努力，更好地认识婚姻，了解婚姻，从而让自己变得更好，让我们的爱日益加深，让我们的婚姻坚如磐石。

第二章

宠爱自己，遇见更有魅力的自己

你本来就很美！因为女人的美是天生的，只是你不小心忘记了这一点。

有爱情和婚姻滋润的你应该更美：从容淡定、娴静优雅、婉约有致。

你的魅力源自对自己的宠爱，懂得内外兼修，你的优雅、幽默和自信让你越活越美丽。

第三章

用心沟通，遇见更通情达理的自己

对于幸福婚姻来说，沟通犹如空气一样重要，缺乏沟通的婚姻会让人窒息，而不懂得沟通的爱情会让人中毒。

用心、有效的沟通，像是一个情感的催化剂，能够迅速消融夫妻间的隔阂；像是爱情之花的营养液，令夫妻间的感情变得更加甜蜜；像是巩固你们爱情的堡垒，让它变得坚不可摧。

与此同时，你也能遇见那个更通情达理的自己。

第四章

赞美老公，遇见更懂得欣赏的自己

婚姻中，可以没有爱，但不能没有欣赏和赞美。

爱不是婚姻的全部，欣赏和赞美却能创造爱，让你的婚姻幸福美满、日久弥新，让你的男人更加成功。

女人们，请记住一点：幸福的婚姻不仅要有面包和牛奶，还需要有诗和远方，更需要有欣赏和赞美。

第五章

情绪管理，遇见情商更高的自己

高情商的女人最幸福。因为她们懂得用心经营自己的婚姻。

婚姻中的她们，从不抱怨、唠叨，而是用自己的温情、爱与宽容去征服男人。

她们更懂得管理好自己的情绪，抑制自己情感的冲动，及时排解不良情绪的侵扰，从而活出更积极、阳光、快乐、幸福的自己。

第六章

用爱经营，遇见更有情调的自己

一杯咖啡、一本书、一个窗台、一个你。

有情调的女人懂得安排好自己的一切，极会享受属于自己的美丽时光。

她们有自己的梦想，有自己的爱好，把日子过成了一首诗的模样！

第七章

要幸福更要性福，遇见更『知性』的自己

爱情是身体和灵魂的合二为一，美好的性让婚姻更幸福。然而，没有性会让婚姻亮起红灯。所以，聪明的女人们，要想婚姻幸福，千万不要使用性惩罚，而是要让自己变得更『知性』，如此才能让婚姻更美满。

第八章

不断修炼，只为在婚姻中遇见更好的自己

你若芬芳，蝴蝶自来；你若盛开，幸福自来！

一个人唯有先懂得爱自己，才能更好地爱别人。所以，先斟满自己的杯子吧！让自己变得更加从容、平和而强大，珍惜所拥有的一切，活出更棒、更美好的自己。。

第一章

初识婚姻，遇见需要努力的自己

婚姻是上天给我们的最好礼物，我们绝不能肆意挥霍，反而要用心呵护。

因为即使是再轰轰烈烈的爱情，也会归于平淡，更经不起折腾。

初遇婚姻，我们更多的是惊慌失措、无所适从。没关系！我们会通过自己的努力，更好地认识婚姻，了解婚姻，从而让自己变得更好，让我们的爱日益加深，让我们的婚姻坚如磐石。

结婚，你准备好了吗

结婚，对于很多女人来说，是一件期待已久的大事。她们中的一些人甚至从小的愿望就是自己能有一天披上洁白的婚纱，在众人的祝福声中，和心中的白马王子结婚。然而，几乎很少有人会问自己："结婚，我准备好了吗？"

相信每一对走进婚姻殿堂的新人，都想要拥有美满的婚姻、幸福的家庭，都希望能够携手经历风雨，白头到老。

然而，婚姻不是美丽的幻想，我们要清楚，不是所有的王子和公主在一起都会过上幸福的生活。如果你还不知道自己为什么要结婚或对婚姻真实的样子一无所知，那么你不觉得这是一个冒险的赌注吗？

曾有人做过一个调查，因为以下原因结婚的人不在少数：

父母岁数大了，希望孩子能早点儿结婚；

岁月不饶人，男大当婚，女大当嫁，再不结婚到时候要孩子都困难；

双方恋爱时间长了，彼此习惯了身边的那个人，不想再浪费时间去找别人；

同居试婚，还没玩够，但因为怀孕了，只能奉子成婚；

一个人太孤单了，想找个人搭伙过日子。

就是因为生活节奏加速的现代社会，太多的人怀揣着对婚姻的盲目，被各种“迫不得已”的原因催促着褪去青涩，并已然成为人妻或人夫，然而尚未得到成长和历练的心灵总是会给婚姻生活带来很多不和谐的阴霾。

筱然是一位大学教师，有着不错的家世。一直受对自己外表不自信及虚荣心的影响，虽然她一直期待着自己能有一份完美的爱情，可以遇到一个能懂她，能为她做一切浪漫事情的男人，结果茫茫人海，这个人却一直都没有出现。

眼看着筱然都28岁了，家里人开始着急了，七大姑八大姨齐上阵，给她介绍男朋友。但婚姻这么大的事情岂是儿戏。眼看又要过年了，筱然的耳畔立马响起亲戚朋友见面时的各种唠叨：“女孩子得赶紧结婚，不然年纪大了更嫁不出去了。”“你看你那个同学某某，她的第一个孩子都上小学了，第二个孩子都已经能打酱油了。你这么挑三拣四的，到时候怀孕都不好怀。”“你一个人在北京，还是要赶紧找个老公，这样也有依靠，不然你父母远在老家也照顾不上呢！”……

时间过得很快，转眼又两年过去了。筱然还是独自一人。

有一天，筱然的妈妈给她打电话：“今年要是再不带一个男朋友回家，就别回来过年了。你这个女儿算是白养了。”此时的她也有些着急了，虽然降低了择偶标准，但放眼身边的男人已经陆陆续续结婚了。她开始有些慌了，自己真的不会一辈子就单身了吧？身边比她条件差的女生都已经结婚生孩子了。她来回翻看自己的手机通讯录，所幸，前两年一直在追她的一个男人陆辉还未婚，虽然不是自己的理想对象，但是他老实，对自己也挺好。筱然决定了，和陆辉结婚。

结婚以后，她发现原来自己和陆辉完全是两类人。陆辉虽然出生于一般家庭，但对金钱毫无概念，花钱大手大脚，可以说赚的钱还不够他花的。自尊心极强的他，一言不合，便和筱然大吵大闹。他做任何事情从来不和她商量，自己想怎么做就怎么做；对家里更是关心极少，经常不高兴了就去住酒店。

筱然整天以泪洗面，她后悔自己当初匆忙的决定。

很显然，筱然并没有准备好进入婚姻，而且她对婚姻的理解也很单纯。同时，她认为女人是经不起等待的，年龄越大，选择的余地就越小，碰到合适的男人的概率就更小了，与其不能嫁一个自己所爱的人或终身不嫁，被家人嫌弃，那还不如选择一个爱自己的老实人。再说这样做也符合了母亲的心意。所以，对她来说，如此现成的事情可以一举多得，便轻易结婚了。当然，她也为自己草率的决定付出了代价。

即使现在很多人都在标榜为爱而结婚，然而轰轰烈烈的爱情终归还是要回归平淡的生活。有科学研究表明，爱情的保鲜期只有三个月。所以，爱情并非结婚的最好理由，至少不应该是结婚的唯一理由。在选择结婚对象时，也有不少人会考虑现实的条件，要求门当户对。其实，门当户对不失为一个比较不错的选择，当两个人的学识、成长及家庭环境都相似的时候，两个人的“三观”一般来说也会比较一致，这样可以减少相互之间的磨合，还会经常认同对方的想法，从而变得更加幸福。

也有人说，婚姻是爱情的坟墓。既然如此，为何我们要自掘坟墓呢？这种想法多见于某些女性。她们认为自己已然足够独立，也有着不错的收入，完全可以自食其力，而且精神世界也并不空虚，不需要依赖婚姻，即使没有另一半，她们也可以生活得很好。为什么非要找个伴侣呢？

其实，这些高知女性并不是不想结婚，而是觉得太过麻烦。

首先，需要找一个和自己匹配且情投意合的人。然而，虽然未婚的男性很多，但是真正要和自己年龄、学识、工资、相互喜欢等这几个条件综合在一起，又谈何容易呢？条件合适的，要么是已婚，要么不一定能看对眼。所以，频繁地见面、相亲、约会已然让她们精疲力竭。

其次，有幸找到了这么高匹配的、条件又好的男人，你还要整天提心吊胆的，担心他这么优秀会不会被别的女人抢走，会不会出轨？好男人谁不想要呢？即使前面的这一切都很顺利，还需要见双方父母，涉及订婚彩礼、结婚等的一系列问题，有些人即使当初谈恋爱谈得好好的，最终因为这些繁杂问题分手的也很多。

最后，结婚生孩子是一项大工程，特别是那些事业心比较重的女性，让自己将重心从职场转移到家庭，每天还要洗衣服做饭，想想就头疼，还不如一个人生活过得自在。

虽然结婚会让你遇到很多单身时不可能遇到的一些麻烦问题，但是每当夜深人静的时候，你是否希望有个人能在旁边陪伴着你；当你伤心难过的时候，你是否希望有个人能倾听你的苦闷；当参加别人的婚礼时，你是否也会羡慕。即使你再坚强，也有生病或脆弱的时候；即使你再优秀再风光，也会有落寞的时候。

其实，婚姻是上天给我们的最好礼物。它给予我们机会，让我们学会如何去爱。在婚姻这条漫长的道路中，有人一起相伴前行，虽然这一路上我们会经历各种困难和危险，但是我们也会收获幸福和感动。婚姻还是我们每个人心智成熟的旅程，自我完善的过程。婚姻不是爱情的结局，而是人生的另一种生活方式。婚姻是相互给予，相互依存，也是同甘苦，共患难。

有人说："婚姻不是1+1=2，而是0.5+0.5=1，也就是两个人各削去一半自己的个性和缺点，然后凑在一起才算完整。"所以，如果你还不了解婚姻或你的内心还没有准备好，那么请你一定要慎重，因为婚姻并非儿戏，它关系到你一辈子的幸福。

婚姻是女人的第二次生命

相信很多妈妈在女儿遇到择偶问题时，都会很慎重地对她说："女儿呀，婚姻就好比是你的第二次投胎，它能给予你第二次生命。一个好的婚姻，能给你带来很多的快乐，即使现在生活得比较拮据或平凡，只要夫妻一条心，你们的日子就会越过越好，你也会越来越幸福！而不好的婚姻，即使你再努力，也会让你精力交瘁、身心俱疲。所以，在选择未来的另一半时，你一定要睁大双眼，好好找到那个最适合你的另一半。"

人们也常说："男怕入错行，女怕嫁错郎。"婚姻对于女人来说，是一生的大事，是女人的第二次生命。因此，女人在对待婚姻时一定要慎重，老公的“质量”关系着女人第二次生命的质量。如果你没有出生在一个好的家庭，没关系，嫁一个好男人，有好的婚姻也能改变你的命运。当然，凡事都有两面性，它可以转化你不满意的身份，可以获得以前没有的财富，但也有可能会让你失去曾经拥有的一切。所以，婚姻能让人变好，也能让人变坏。

丹妮和她老公结婚快一年了。但是当同学聚会的时候，大家发现原本乐观、美丽大方的她憔悴了很多。按理说，新婚不久的她，应该沉浸在幸福的海洋里，然而丹妮却并不快乐，而且大家感觉她好像老了好几岁。

近一年的婚姻生活，对丹妮来说，除了感觉到累和痛苦外，根本就没有幸福可言。

丹妮和她老公是经媒人介绍认识的。因为双方的年龄都已经不小了，家庭条件也相当，再加上两个人的第一感觉都还不错，照理说应该是非常般配的一对儿。于是两个人一拍即合，很快就领了结婚证。

然而，婚后的生活并不如丹妮所想象得那般美好。她发现原本那个温柔体贴、优点颇多的老公不见了，只剩下一个满身臭毛病的“大男人”：不仅蛮不讲理、大男子主义泛滥，还不讲卫生，不做任何家务。丹妮觉得老公的毛病越来越多，很是看不习惯。有时候丹妮唠叨老公几句，他大发脾气不说，还乱砸东西。最让丹妮忍受不了的是，老公特别迷恋电脑游戏，每天玩到很晚才睡觉。后来，丹妮怀孕了，妊娠反应比较大，心情不太好，他也从来不知道安慰，反而说她影响了自己打游戏的心情。就连每次产检老公都只想在家玩游戏而不想陪她去。因为玩电脑，他们不知道吵了多少回，但结果都是不了了之。

丹妮怀孕了，作为老公理应多呵护她、照顾她、谦让她，不能让她生气，因为生气对胎儿的影响特别大。但是，对于这些他全然不顾，俨然一副“两耳不闻窗外事，一心只做‘键盘侠’”的样子。丹妮每天顶着孕吐做完晚饭，他匆匆吃了两口就又“战斗”去了，这一玩便玩到深夜。用丹妮的话来说，电脑游戏才是他真正的老婆，因为他的眼里只有它。

现在的丹妮特别想离婚，但是自己已经怀孕了，她不想自己的孩子一出生就没有爸爸，然而，再这样过下去，她觉得自己迟早会疯掉。她意识到可能自己已经得了产前抑郁症了，唉声叹气不说，整个人负能量爆棚，而导致她得病的罪魁祸首就是她的老公。

所以，选择伴侣一定要慎重。如果不慎重选择，就会像丹妮一样，在没有对对方进行全面了解和评估就匆匆步入婚姻的殿堂，最终吃苦的是自己，使自己陷入两难境地，甚至痛苦一生。

婚姻是女人最大的投入，她的大半部分人生都要倾注于此。它也是女人一生最大的赌注，因为很多女人在被爱情冲昏头脑时步入婚姻，时间一长却发现诸多问题，如对方完全变了一副嘴脸；或因为经济条件越来越好，导致出现第三者等。一次婚姻足以改变一个女人的一切，包括她的心理、性格、心态、事业、为人处世的方式方法等。好的婚姻，能给人力量、信心，使软弱的人变得坚强，使虚伪的人变得诚实，使浮躁的人变得稳重，使消极的人变得积极，使狭隘的人变得宽容。好的婚姻，就像漫无边际的大海上的灯塔，让旅途迷失的人找到回家的方向，让漂泊的人从此不再流浪，让迷茫的人看到活着的希望。好的婚姻，还能提高和增强人们对诱惑的免疫能力，起到监督和提醒的作用，使人们很难做傻事、做坏事。

然而，失败的婚姻，会使人变得麻木无知，心灰意冷，对生活、对事业充满绝望，找不到存活下去的理由。这时，人们往往容易自暴自弃，做事情不计后果，冲动且易丧失理智。失败的婚姻对一个人的生活和命运的改变往往是具有连锁效应的，它会使人陷入一处失败、处处失败的尴尬境地。

心仪出生在一个家境并不是太好的家庭。没过两年，家里又新添了一个弟弟。重男轻女的爸爸高兴极了，对两个孩子从小就是区别对待，但凡家里有好吃的都是先给弟弟吃，有好衣服都先给弟弟穿。

转眼，心仪就要上高中了。但是不幸的事情让这个原本并不富裕的家庭雪上加霜了。爸爸在去打工的路上被车子撞了，从此一条腿落下残疾。一家的生活重担落到了妈妈一个人身上。于是，爸爸就对学习成绩中等的心仪说："家里太穷了，你别念书了，去外面打工供弟弟读书。"

没办法，孝顺的心仪只好去外地打工了。身处异乡的她省吃俭用，每个月一发工资就只给自己留一百块钱的生活费，其余的全都寄回老家供弟弟读书以及贴补家用。渐渐地，家里的开销越来越大，心仪觉得就凭打工这点儿钱根本就不够，每次爸爸打电话来要钱都会骂她一通，说怎么每次都只能给这么点儿，是不是自己偷拿出去乱花了？

心仪想到了自己出来单干。她租好了摊位，开始更卖力地工作了。短短两年时间，除了够家里的开销，她也买到了自己的第一个摊位。

这个心地善良、踏实勤劳的姑娘，有一天终于遇到了自己的白马王子阿杰，一个同样踏实努力的小伙子。两人一见钟情，决定一起好好工作、好好赚钱，将来可以组建一个美好的家庭。相处了一年，到了谈婚论嫁的阶段，两人便兴冲冲地坐火车回去，想征得家人的同意。可是，心仪的爸爸在了解了情况后，死活不同意，原因有二：一是爸爸不希望心仪远嫁，而阿杰是外地人，两家之间坐火车都得十几个小时，如果心仪就嫁在同村或隔壁村的富裕家庭，还可以帮衬着给弟弟盖上新房子，娶上媳妇；二是阿杰家的家境也很一般，不要说帮忙盖房子娶媳妇了，就连心仪的爸爸要求的几十万元彩礼钱都掏不出来。

脾气火爆的爸爸把阿杰打了出去，把心仪关了起来，没收了她的身份证，藏起了家里的户口簿，决心就要拆散这对恩爱的小情侣。

阿杰不想放弃这个好姑娘，于是借遍了所有的亲戚，贷了款，才勉强凑够十来万元。爸爸看原本很顺从的心仪变得这么不“懂事”，打也打了，骂也骂了，但心意已决的心仪就是一根筋要嫁给那个穷小子，无奈只好收了钱，就当没生过这个女儿了。

在没有家人的祝福下，心仪和阿杰更珍惜这段来之不易的爱情。婚后的他们非常恩爱，二人一起努力做着自己的小买卖。不久，心仪就怀孕了，阿杰更是悉心地照料她。同时，他也更拼命地工作着，想尽自己所能让心仪和孩子过上好日子。婆婆因为没有女儿，她就将心仪当成是自己的亲闺女，对她特别好。心仪觉得自己嫁对了人，这个家里没人会像之前的那个家一样动不动就打她或苛责她，反而更多的是对她满满的爱和照顾。

由于两人忠厚老实，做生意也是童叟无欺，大家都特别喜欢到他们家买东西。经过三年的努力，他们不仅还完了所有的债，买了房子，买了车，买了好几间店面房，还生了个大胖小子。对心仪来说，现在自己的每一天都过得很幸福。

人们常说："干得好不如嫁得好。"但是，所谓的"嫁得好"，不是说嫁给有钱人、"傍大款"，而是选择一个好男人，一个可以信赖的男人，他会爱你、宠你、体贴你、理解你、心疼你，与你一起分享快乐，陪你共担风雨。你们可以互相依靠，相濡以沫，待到头发花白相互凝视时，眼中是不悔，心中是满足欢喜。感谢上天让你们找到了彼此，感谢对方带给彼此一个精彩的人生。所以，幸福的婚姻首先要慎重地选择伴侣，找到好的男人，才能带来好的婚姻，带给你精彩幸福的第二次生命。

当然不是说选择了好男人，你就一辈子幸福了，良好的开端只是成功的一半，还需要好好珍惜、好好经营你的婚姻，相信幸福会一直陪伴着你。

恋爱和婚姻是两码事

相信很多准备步入婚姻殿堂的女人都希望结婚以后两个人能像谈恋爱的时候那般恩爱，一直腻在一起，相亲相爱，永不分开。是的，女人通常喜欢把婚姻和恋爱混为一谈，认为婚姻就是恋爱的延续，然而，婚姻和恋爱其实是两码事。

都说，谈恋爱是一个特别美好而又奇妙的事情。因为那里面满满的都是甜蜜、惊喜和感动。

恋爱的时候，男朋友会充满激情地出现在你面前，不管什么时候，只要你需要。恋爱的时候，他会记住一切重要的节日，为讨你欢心，给你一份特别的礼物。恋爱的时候，无论做什么事情，只要两人在一起，一切都仿佛就美好了。恋爱的时候，你会天天问他爱不爱你，而他也会不厌其烦地回答道："爱！"顺便将你搂在怀里亲吻一番。恋爱的时候，他总是幽默段子王，会逗得你哈哈大笑。恋爱的时候，他舍不得你做任何事情，只需要你在旁边陪着他就好。恋爱的时候，他总能情话绵绵，让你感动得稀里哗啦……

然而，遗憾的是，生活不可能时时刻刻都充满激情，再轰轰烈烈的爱情到最后都是要归于平淡的。当激情退却后，你会发现，与你结婚的人不再是你曾经很爱的那个他，他的所有优点都在慢慢消退，而他的一个个缺点却渐渐地开始显露出来，直到变成和你想象中完全不一样的样子。于是，你开始怀疑爱情，怀疑婚姻。

恋爱和婚姻是两码事，恋爱的时候只要彼此相爱就够了，婚姻却不一样。

首先，在考虑对象问题上。谈恋爱，无论是出于真心还是单身久了需要有个伴，最终不一定需要负责，男人只要是自己喜欢的、有心动的感觉的都会极力去追求，恋爱就很可能成立；而结婚，要考虑的因素就特别多，如双方的家庭是否门当户对、性格是不是好、爱好是否一致等。现如今，特别是相亲的时候，很多人都会要求"三观"是否一致，还有的要求是能吃到一起去，玩到一起去。所以，在婚姻关系中，适合比相爱更重要。恋爱可以很完美，但婚姻却必须很现实，没有建立在现实基础上的婚姻是不可能幸福的。

其次，在婚后的生活相处上。《礼记·大学》：“古之欲明明德于天下者，先治其国；欲治其国者，先齐其家；欲齐其家者，先修其身；欲修其身者，先正其心。”这说的就是“修身、齐家、治国、平天下”。男人们一旦结婚了，就需要去做“治国”“平天下”的事情了。每个男人都希望成功，为了家庭，为了实现自己的价值，他们需要将更多的精力投入到事业中去，事业上的成功才能给他们带来更大的成就感、安全感。再则一个人的精力是有限的：男人们在追求你、和你谈恋爱的时候，“齐家”便是他的第一目标，所以他会费尽心思、全心全意地追求你，工作上的事情做好即可；而一旦家庭稳定了，他便会将这些精力转化到事业上去，可能就忽略了你的感受，不再去费尽心思地讨你的欢心，去猜你的话里话。因为他觉得都是一家人了，他的辛苦你一定能够理解，他觉得你一直都是那么善解人意，就像恋爱时那样。

为了避免让你产生婚后的生活和恋爱时的落差过大，那么在恋爱时，你非常有必要搞清楚以下几件事情。

1.你们的“三观”是否一致

对于很多女性而言，结婚的目的，一定是这个人给了你更多精神上的幸福感和满足感。你要嫁的那个人，一定是和你有同样的理想，同样的价值观和生活理念。

2.你们是否有共同的生活目标

真正的婚姻，是志同道合的两个人：价值观相同、生活态度一致、人生追求相似，并且拥有共同的信仰。如果你已经结婚了，那未来20年或30年，在这段不短的时间里，你们计划如何度过？一起吃饭、跑步？你必须和他分享更深刻、更有意义的事情，你们必须有共同的生活目标。

3.仔细观察他是如何对待他人的

恋爱时，男人对你的态度是和对待他人是不一样的，而对待别人的态度才是他最真实的状态。所以，你要注意多加观察。看他是如何待人接物的，在面对朋友或陌生人时，是怎样的状态？他如何对待自己的父母和兄弟姐妹？他能带给他们快乐吗？他懂得感激吗？如果他对父母都不懂得感激，那就不要期望他会感激你。如果他对别人不好，那么将来结婚后对你也不会好到哪儿去。

4.你是否有想改变他的冲动

恋爱的时候，他的一些行为是你非常看不惯的或是坚决接受不了的，但是你还是很爱他别的方面，你想婚后通过自己的努力去改变他，让他变成你希望的那样。恋爱的时候，男人会说“只要你说要我改，我一定改”，这句话听起来很让人感动，如果婚后他按照你的要求改了，你应该感到庆幸，因为你可能找到了万里挑一的能听你的话瞬间改掉自己多年养成的“陋习”的男人。然而，大部分的男人在婚后会彻底暴露自己的缺点或是变本加厉，所以如果你无法接受他现在的样子，那就说明你们的感情还没有你想象中的那么好。换句话说，除非你完全接纳了现在的他，包括他所有的缺点和优点，再选择结婚，否则，你们的爱情注定会以失败而告终。

恋爱是两个人的爱情，婚姻则是两个人的生活。都说“恋爱中的女人智商为零”。恋爱的时候，女人会觉得对方简直就是浑身散发着光环，让你爱到无法自拔，迷恋到失去理智和正常的判断力，你爱的那个人，他爱你的全部，能满足你所有的要求，包容你所有的无理取闹，理解你所有的想法，但这并不意味着你们适合在一起生活。因为但凡你们相处时间久了，你就会发现原来对方并没有那么好，也不太适合自己。婚姻是现实的，因为它关系到你日后的生活，所以恋爱的时候一定要理智。恋爱和婚姻是两码事，绝不能冲动。如果说恋爱时你还有反悔的机会，婚后想要重新洗牌的成本就高多了。毕竟不到万不得已，还是不要轻易选择离婚。

所以在结婚前要深入了解对方，看看他究竟适不适合自己。要知道，只有建立在相互了解、彼此适合的基础上的婚姻，才能够扎实、稳固，也才能更加幸福。

适合自己的才是好婚姻

不是每个人都适合与你白头到老。有的人，帮你成长；有的人，值得一辈子怀念。而谁是那个你想爱一辈子的、最适合的人，谁就是与你结婚的最佳人选。适合自己的才能成就你的好婚姻。

有人曾这么说过："对的时间遇见对的人，是一生幸福；在对的时间遇见错的人，是一场心伤；在错的时间遇见错的人，是一段荒唐；在错的时间遇见对的人，是一阵叹息。最爱的，往往没有选择你；最爱你的，往往不是你最爱的；最长久的，不是你最爱也不是最爱你的，只是在对的时间出现的那个人……”其实，所谓对的人，就是最适合自己的人。

适合自己的人，也许他并不完美，也许他的条件不是你众多追求者中最好的一个，但他却能和你分享彼此的喜怒哀乐，成为你的最佳伴侣。毕竟鞋合不合适，只有自己知道。爱情合不合适，也只有当事人才能真正体会得到。

阿丽和男朋友晓渠相处了两年，她很喜欢她的男朋友，曾多次问男朋友什么时候娶她。可是，晓渠觉得自己还年轻，不想那么早步入婚姻，再说自己还是个孩子，他不知道怎么去处理繁杂的婚姻生活。经不起等待的阿丽感到非常无奈，又迫于家里的种种压力，她只好和晓渠分手了。

没过多久，家里人就给阿丽介绍了一个亲戚的朋友家的儿子周瑾。通过一段时间的相处，阿丽发现，虽然周瑾没有前男友晓渠那么浪漫，那么能说会道，但是他和自己在很多方面都兴趣相投，两人都喜欢爬山，喜欢旅游，喜欢音乐，而且两人都非常喜欢同一个歌手。他们都认为“不以结婚为目的的恋爱都是耍流氓”，所以他们很认真地对待每一次约会，每次见面他们都有聊不完的话题。

一年以后，就在两人要谈婚论嫁的时候，前男友出现了，经过一年的思考，晓渠觉得自己离不开阿丽，他想和她复合，而且他觉得自己在这一年里也成熟了不少，能担当起一个做丈夫的责任了。

阿丽很痛苦，因为毕竟晓渠是她的初恋，也是她曾真心爱过的男人，当然也是最伤她心的男人。经过了一个多星期的考虑，阿丽最终还是拒绝了晓渠，和周瑾结婚。原因是，虽然她和晓渠的爱很热烈，但是他们的争吵也同样激烈。晓渠是个典型的追求完美的处女座男人，他要求阿丽事事都要听他的，一不符合他的想法便会大发雷霆。而自己在跟周瑾相处时，虽然没有那么轰轰烈烈，却也属于细水长流型的，他才是那个真正适合自己的男人。

很多人都羡慕童话故事里王子和公主幸福地生活在了一起，殊不知，婚姻里有太多复杂的事情，里面包含了太多的琐碎。真正的生活是从踏入婚姻的那一刻才开始。多少王子和公主经不起日常琐碎事物的折磨，最终选择了分开。所以，找一个适合自己的人才是最为重要的。

那么，怎么才能找到最适合自己的人呢？

你可以参考美国人际交流专家普雷斯顿·倪的建议，以诚实、开明和学习的态度进行以下7项“兼容性”检测。

1.你信任对方吗？

你信任对方吗？你又值得对方信任吗？评估的时候不能想当然，要以事实为依据，收集全面的信息。

信任是幸福婚姻的基石。在婚姻关系中，我们首先要相信我们的配偶是忠诚的、爱自己的，是珍惜彼此的关系的。信任可以让婚姻的双方保持清醒的头脑，不受外界的干扰和侵袭，它能保障婚姻稳固坚实。

要知道，在婚姻中，猜疑会损害我们的婚姻。一旦你不相信对方，你就会变得疑神疑鬼，而且你对自己所持有的看法深信不疑，从而会以这个立论为出发点来收集“证据”证明你的想法是对的。所以，一件事情，你相信它好就会促使它变好，你相信它会变坏就会促使它变坏。

2.你们的亲密度高吗?

亲密主要包括4个方面：身体接触、情感共鸣、智慧交流、活动分享。双方分别在每一个方面选择“必须有”“应该有”“可以有”——双方都选“必须有”的方面越多，则表示亲密度越高。

幸福的婚姻需要有一定的亲密度，在恋爱的时候这几个方面的指数普遍是高的，即应该属于“必须有”这一项。结婚以后因为随着时间的递增，彼此间的亲密指数会出现一定的下滑趋势。当出现这种情况时，我们也应该随时警惕，及时增加亲密度，这样才能让彼此的爱意永葆青春。

3.对方令你展现出人性的哪一面?

在不同的朋友面前，你会有不同的表现：在有的人面前你很拘谨，在有的人面前你很放肆；对有的人你比较能容忍，对有的人你爱与之争论。在你的另一半面前，你展现出的是自己好的一面还是坏的一面？你喜欢那样的自己吗?

这一点很重要。如果你展现的不是自己喜欢的样子或者是戴着面具的自己，那么随着时间的流逝，你一定会越来越讨厌自己，而且觉得和对方相处也是一件特别累的事情，直到最后你不想再装了，你们也就分道扬镳了。

4.彼此交流让你振奋还是沮丧?

研究发现，离婚的最重要的信号是一方或双方表现出轻蔑的态度。轻蔑是尊重的反义词，是对别人发出的负面评价、批评和讽刺。良好的沟通是“对事不对人”，而不是搞人身攻击。

每次和对方沟通时，最终都是大眼瞪小眼，不知道该说什么或是兴趣点完全不在一个频道上，你说你的，我说我的，牛头不对马嘴。如果这样，结婚后的两人很容易起冲突。

5.你们如何处理冲突?

处理冲突能力弱或对无法解决的分歧避而不谈的情侣很容易发生争吵。有的情侣甚至因此相互怀恨在心，长年累月地貌合神离。互相适合的情侣即使在发火的时候仍不失亲密，事情解决之后能够相互原谅，决不耿耿于怀。

6.你们如何面对逆境与危机?

逆境和危机是对爱情的真正考验。在逆境和危机到来之时，你们能否相互支持对方、鼓励对方而不是选择放弃对方？逆境和危机是让你们更加齐心，还是令你们变得疏远?

7.你们的理财观念一致吗?

大量的研究证实，在理财观念上出现分歧是婚姻出问题乃至离婚的主要原因之一，每周出现一次财务分歧的夫妻比很少出现这样问题的夫妻在离婚可能性上高30%。

理财观念的分歧在爱情发展的早期就会出现，例如：约会谁来买单？对方会欣然接受“礼轻情义重”的礼物吗，还是对你没有下“本钱”感到失望？此外，对方对现有的物质条件满意吗?

这七条不可能将所有适合自己的人的细节都囊括进来，它并不能给你幸福的保证，却能够让你看清未来的风险，让你离幸福更近一步。如果你们在一起的时候，彼此之间坦诚相待，丝毫不用去考虑自己的一举一动会给对方带来什么负面影响，那么，恭喜你们找到了最适合自己的人。一个幸福美满的家庭，需要的是双方真诚对待、共同努力，用情呵护、用心经营，唯有如此，才能确保婚姻的和谐长久。

婚姻需要相互磨合，彼此适应

婚姻的本质是什么？有人说："婚姻的本质就是彼此之间长期磨合、相互适应。"

男人和女人这两个不同的个体之间是一定会存在很大的差异的。如果你看过约翰·格雷博士写的经典畅销书《男人来自火星，女人来自金星》，就会发现男女的不同仿佛是他们来自两个不同的星球，无论是在生理上还是心理上，无论是在语言上还是在情感上，都是大不相同的。而男女在变成夫妻之后，如果他们还延续着自己星球的交流方式、相处模式，就会产生一大堆的问题和误会。所以，想融洽相处，就必须接受差异，彼此适应，相互磨合。

是的，和谐的婚姻需要一个磨合的过程。每一对夫妻在新婚之后都会不可避免地经历一段或长或短的磨合期，这是因为夫妻作为两个独立的个体，不可能在方方面面都达到完全一致或和谐默契。磨合是什么？就是把两个性格不同、家庭出身不同、背景不同的人硬塞到一个屋子里，通过愈加了解彼此，为了爱，相互改变，相互适应的过程。

让我们先来看看海蚌和沙子的爱情故事吧。

阳光照耀下的海滩闪成一片好看的金色，海蚌经常被海浪一次又一次地推到岸边，于是海蚌和这片沙成了朋友。

海蚌经常自豪地和身边的沙讲述海里那些古老而神秘的故事，那些沙望着海蚌的眼神是崇拜而羡慕的。

渐渐地，海蚌发现有一粒沙是那样的与众不同，他被这粒沙独特的气质所吸引，便开始悄悄地留意她，时不时地去找她聊天。时间一长，海蚌和这粒沙相爱了。

海蚌说：“沙啊，我们是如此深爱着对方，都想拥有彼此，我们结婚吧。”

沙想了想，说：“我愿意。”

海蚌说：“那你住进我的房子里吧！我会一辈子都对你好的。我们一定能幸福一辈子的。”

于是，那粒沙钻进了海蚌的怀里，两人过起了自己的小日子。

海蚌的身体很柔软，他的肌肤也很娇嫩，而沙子的棱角非常分明，每一次的拥抱爱抚，海蚌都会被沙子划得遍体鳞伤。

望着海蚌身体中渗出的丝丝血迹，沙哭了，说：“疼吗?”

海蚌说：“疼，但是和你在一起我感到很快乐。”

沙说：“我的泪滴进了你的血中，我们永远不分开了。”

海蚌说："嗯，我们永远也不会分开。"

日复一日，年复一年，海蚌觉得自己的痛苦减轻了，原来沙在和自己相处的这些日子，相互不断地摩擦，渐渐地磨平了自己的棱角，她已然变了一副模样，变得温润柔和。

最终，他们相互融合，长相厮守，和谐地生活在了一起。

夫妻之间的差异是造成婚姻不和谐的主要因素，所以，我们更需要重视婚姻中夫妻双方的差异，加强磨合。如文化修养、道德观念、理念习惯、工作能力、处世能力以及对外界压力的承受能力等素质差异；性格、气质、生活方式、兴趣爱好等习惯差异；日常生活心理、消费心理、性心理等心理差异；性别、年龄、职业、职务等个体差异。这些差异是一种正常现象，如若双方没有互相接受融合这些差异，恐怕就没有和谐婚姻的到来。

就拿性格不同的夫妻来说，磨合绝对是一个让婚姻和谐的过程。

月溪和陈明结婚了。在朋友眼中，这可是一对令人羡慕的模范夫妻呀，因为从他们的朋友圈中就能看出他们非常恩爱：今天吃大餐，明天送惊喜，简直就是天天上演真爱偶像剧。就在大家都以为他们会携手一辈子幸福下去时，却发现他们已经离婚了。

月溪说："相处了一段时间，我觉得我们的性格不合适。我太敏感，太过急躁；他太木讷，也过于慢热。我们根本就不是同一国的人。"

原来，月溪喜欢浪漫，她希望陈明能满足她所有的要求，为她做各种各样浪漫的事情，而且每次她都会发朋友圈秀恩爱晒幸福。陈明却不喜欢那样，他觉得毕竟相爱是两个人的事情，没必要弄得人尽皆知。

月溪觉得他们的沟通也是一个很大的问题，她原本以为他俩应该是心有灵犀一点通，但陈明经常不能理解她的潜台词，她就会异常受挫，觉得他不重视她，没那么爱她。照理说，她说前半句话，他就能猜到后半句的内容。但当她说了两句话他还不能理解的时候，她就开始发飙了。

而且每当月溪遇到不顺心的事就会对陈明发火。刚开始，陈明还会好言相劝，可是时间一长，陈明就闷头不作回应了，他这副窝囊的样子让她更生气。

陈明也觉得自己和月溪渐行渐远了，她爱显摆不说，还经常无理取闹，喜怒无常。他对这段婚姻已然彻底失去了信心，最终二人走上了离婚的道路。

人的性格是多种多样的，有的豪放开朗，活泼好动；有的深沉内向，老成持重；有的心直口快，急如风火；有的慢条斯理，遇事不慌；有的热情健谈，善于交际；有的口笨嘴拙，不善辞令；有的爱说爱笑，能言善辩；有的寡言少语，喜欢清静……总的来看，有人性格外向，有人性格内向，有人既内向又外向。夫妻双方的性格亦是如此，不可能一模一样。如果能在婚姻生活中学会相互磨合、适应对方的性格，那么也就不会有那么多因性格不合而离婚的事情发生了。

夫妻之间性格不合是导致夫妻生活不和谐、夫妻矛盾较多的一个主要原因，但性格不合的人如果懂得适应对方，磨合得好，反而会达到性格互补、相互制约、和谐相处的效果。比如，一个急性子的人和一个慢性子的人在一起生活，虽然有时不免会发生矛盾，却可以互相制约；一个风趣幽默又健谈的人碰到一个沉默寡言不善言辞的人，一个需要忠实的听众，一个需要风趣的演员，各取所需，就能让生活变得非常和谐。可见，性格不一的夫妻磨合得好就能让双方都获得满足，从而达到感情上的共鸣。

既然每一段婚姻都需要一个磨合和适应的阶段，那么怎么把这个阶段在不伤筋动骨的情况下顺利走下去，是一个婚姻能否成功的关键。夫妻之间应该如何缩短磨合期，创造和谐的婚姻关系呢？

1.认清婚姻的本质，平衡好心理落差

俗话说："期望越高，失望越大。"爱是有魔力的东西，它能让一个人产生不顾一切的勇气；爱也是很脆弱的东西，它会被生活的琐碎消磨殆尽。即使我们曾经短暂地为了爱成为一个斗士和无私的人，但那不会是永远的我们，那只是在爱的作用下的一次完美演出。最好的演员也会有谢幕的一天，再经典的演出也难以永恒。所以，恋爱时候精心修饰的一切，最终都要在婚姻中真相大白。

在步入婚姻之前，请放弃那些不切实际对婚姻的幻想，平衡好心理的落差，正确认识婚姻。婚姻未必一定要有海誓山盟的誓言，更多的时候我们就是在寻找一个合适的伴侣，不强求别人，也不委屈自己。让自己和对方都能将喜欢、舒服的状态呈现给彼此，这样才能更好地走下去。

2.尊重对方，理解对方

尊重他的个性，尊重他的价值观，尊重他处理问题的方法。在婚姻中，只有把对方当作独立的、有个性的一个人，才不会试图去说服和改变他，即使两个人意见不合，也可以接纳自己和对方。在面对问题时，要从对方的角度去思考、理解，进而体会到对方的良苦用心。

所以，要学着不做一个苛求的人，两个人之间需要忍耐、理解、体谅，互相接受和改变，这样的婚姻才可能长久和平稳。

3.逐渐适应彼此的习惯，分享彼此的感受

每个人经过二十几年的成长，都会形成自己的习惯。两个人要想和谐相处，就必须懂得适应对方的习惯，毕竟要想让这些根深蒂固的习惯在一朝一夕间改掉是不太可能的事情。就像海蚌和沙子一样，它们在时间的海洋里相互适应、磨合，去感受对方的感受，倾听对方的声音，从而不断提高夫妻间的默契度和幸福指数。

两个人相处，就好像齿轮一样，如果你的短处他能包容，他的缺陷你能体谅，那么就正好咬合在一起，运转良好。如果你们总是针尖对麦芒，互相指责，谁也不能忍耐谁，那么再好的男人，在你眼里都可能无法完美。

幸福的婚姻女人定

幸福家庭，女人的作用到底有多大？其实从我们的古代汉字中就可以深刻地体会到这一点。家中有女才是“安”，即家里有了女人才能让一家人感到安宁和幸福。

宋丹丹也曾说过这么一句话，一个家庭是否安宁、安然、安稳、安静，完全取决于屋内是否有一个好女人。

所以说，女人是一个家庭和睦稳定的基础，是家庭幸福的动力。

对于一个家庭的幸福来说，幸福都是琐碎而细小的、是细腻而精致的。同时，幸福也是柴米油盐的打理，是穿衣吃饭的调配，是弯下身来的一捧暖阳，是阳台上盛开的一株水仙，是陪伴和懂得，是气象万千的爱和柔情。

林惠嘉就是这样一个能让自己的老公——著名导演李安，安定并能在精神上和物质上给予全力支持的女人。

第85届奥斯卡奖颁奖礼于北京时间2013年2月25日在美国洛杉矶杜比剧院举行，李安凭借《少年派的奇幻漂流》获得了最佳导演奖。李安在获奖感言里用英语、中文、印度语分别致谢，并一再向妻子林惠嘉示爱："感谢你一直对我的支持，我爱你，还有我们的儿子。"林惠嘉在台下害羞地笑了。

1978年初，李安在前往美国留学期间认识了他一生中最重要的女人——林惠嘉。26岁的李安是在一次同学聚会上偶遇了这位身材高挑的同乡林惠嘉。这次聚会后，两个年轻人慢慢走到了一起。

1983年，恋爱5年之后，李安和林惠嘉在纽约举行了一场中西合璧的婚礼。在中国的传统文化中，男人过了30应该有了一份稳定的事业了，可是，李安一家人却只靠林惠嘉的薪金度日。

那时的李安每天除了在家里大量阅读、看片、埋头写剧本以外，还包揽了所有的家务，负责买菜做饭带孩子，将家里收拾得干干净净。每到傍晚做完晚饭后，他就和儿子一起兴奋地等待“英勇的猎人妈妈带着猎物回家”，这常常令林惠嘉觉得很温馨、很感动。

许多亲戚朋友看不过去，就质问林惠嘉说：“为什么李安不出去工作？大部分中国留学生不都为了现实而放弃了自己的兴趣吗？”看到老婆一个人养家，李安觉得过意不去，开始偷偷地学起了电脑，希望能找到一份相关的工作。没过多久，被林惠嘉发现了，她很生气地说：“学电脑的人那么多，又不差你李安一个！”在妻子的坚决反对下，李安只好打消了出去找工作的念头。

多年女主外男主内的生活不仅让李安练就了一手做菜的“绝活”，也磨炼了他的性情。他说：“妻子对我最大的支持，就是她的独立。她不要求我一定要出去工作。她给了我充足的时间和空间，让我去发挥、去创作。要不是碰到我妻子，我可能没有机会追求我的电影梦想。”

在拿了奥斯卡小金人后，李安和林惠嘉到华人区买菜，摊主对林惠嘉说：“你命真好，先生现在还有空陪你买菜!”不料，林惠嘉当即反驳道：“你有没有搞错呀，是我今天特意抽空陪他来买菜的。”

俗话说：“一个成功的男人背后，必定有一个伟大的女人。”林惠嘉就是这样在背后默默地鼓励着李安，支持着李安，最终她成就了一个优秀的男人。可以说，李安是幸运的，娶到了一个好妻子。

诺贝尔文学奖获得者莫言，当年曾站在世界瞩目的诺贝尔文学奖奖台上，并未像许多人预期的那样谈文论志、吟古颂今，却不惜娓娓长篇讲述着自己贫穷的、裹了小脚的、不识字的母亲，如何用最朴实的言行，教会他的儿子什么是梦想和志远、人生和处世、坚强和不屈、诚实和耻辱、怜悯和同情、宽容和理解、大爱和亲情。他现在拥有的都是母亲给予的。在莫言看来，母亲是他人生的导师。

钱钟书先生对杨绛女士有过这样一段评价，后来被社会学家视为理想婚姻的典范：“在遇到她以前，我从未想过结婚的事。和她在一起这么多年，我从未后悔过娶她做妻子。”

所以说，幸福的婚姻乃至家庭的幸福，在很大程度上是由女人来决定的。她的行为处世，对待孩子、对待老公以及对待亲朋长辈，都是这个家庭能否幸福，夫妻能否和睦，后代是否能成才等的关键所在。

女人们，请修炼好自己，因为你的所作所为对这个家庭来说是至关重要的。每个女人，都应该有让自己幸福，让家庭幸福的能力。为了你自己的幸福，为了老公的幸福，为了你孩子的幸福，请一定要做一个具有正能量的幸福好女人。

嫁得好，更要经营得好

什么是美满的婚姻？你可能会回答：“嫁得好。”是的，嫁得好固然重要，但是美满的婚姻不仅仅是因为嫁得好，更因为善于经营。

如果你不懂得经营婚姻，经营爱情，那么你们之间的爱情是长久不了的。即使你们曾经真的轰轰烈烈地相爱着，有过非常浪漫的回忆，但所有的这些也会像插在花瓶中那一朵朵艳丽的鲜花一般，在时间的流逝中慢慢地枯萎。

有人说："嫁得好靠的是运气，经营得好才是本事。"的确如此。这就如同"打江山容易，守江山难"。

结婚以后，两个人带着各自心目中对于彼此的美好形象进入到真实的生活中时，随着时间的流逝，各自身上的光环会逐渐褪去，缺点也逐渐显现出来，同时还要面对各种柴米油盐及工作和生活上的压力诱惑，要想爱情天长地久，经历波折磨难必然是少不了的。

能经历九九八十一难的婚姻一定是需要经营才能挺过去的，而且夫妻俩自始至终都得经得起时间的考验和磨砺。

既然经营之道如此重要，那么，我们应该如何经营自己的婚姻呢？

1.尊重对方的个性特征

每个人都有自己的个性特征。如果你想要自己的婚姻少一些摩擦，多一些幸福，就必须要了解对方的个性特征，然后试着去尊重及适应它。这样不仅不用为想方设法将自己的意志强加于对方身上而自寻苦恼，也给了对方一定的自由空间，如此，你在丈夫眼中一定会是一个善解人意的好妻子。

2.要学会坦诚相处

坦诚是人际关系中最具魅力和吸引力的品格之一，它能赢得对方的尊重与信任，是利人利己的举措，是赢得人际关系圆满成功的关键，是人生走向成功的保障。

夫妻在婚姻关系中更应该以诚相待，这也是赢得爱人信任与尊重、把婚姻关系推向和谐美满的关键因素之一。因为爱，所以坦诚，所以不想欺骗。

3.要懂得相互沟通

相互沟通是经营婚姻的另外一个关键要素。如果两人之间有什么问题，一定要及时和对方沟通，不要憋在肚子里。你积攒的问题越多，矛盾也会成倍增加。直到爆发的那一刻，后果将不堪设想。所以，要多同对方交流，让对方多了解自己的同时，也给对方一个解释的机会，这样可以避免许多无谓的误会和矛盾。

平时，你也要经常坐下来和对方交换意见，沟通思想，这样你的开心与不开心都能有人和你一起分享和分担，从而在无形中给你一定的认同和勇气，你也会更加确认对方就是那个和你心有灵犀、能时时刻刻爱你、和你同甘共苦并陪伴你走一生的人。特别是在你不开心时，你的主动沟通也让对方免去了许多不必要的瞎猜：“是不是自己又做错什么事惹你生气了？”

4. 要学会宽容和忍耐

两个人生活在一起难免有磕磕绊绊，夫妻间要学会宽容和忍耐。契诃夫说过：“婚后生活中最重要的事就是忍耐。”

当对方发脾气或发出挑衅信号时，最好采取忍耐和避开的方式或设身处地地了解其原因，以帮助解决，而不要受对方情绪的影响，使自己也被带入恶劣的情绪状态中。等到对方彻底平静下来时，再好好梳理、总结，以求得以后再遇到类似问题时更好的处理方式和方法。总之，我们要知道，理解万岁，家和才能万事兴，只有这样才能经营好婚姻。

5. 让老公主动承担一部分家务

有这么一个笑话。男人说："家里的小事都是我老婆做主，大事我做主。可是家里就没有什么大事。"在婚姻中，需要共同经历的大事就那么几件，更多的是关于柴米油盐的小事。不要认为这是我们女人分内的事。一定要让老公一起来承担一部分家务事，让他参与家务事，让男人实实在在感受到工作、家务兼顾的不易，这样做可以让他切身体会到你的不容易，也让他对这个家更有责任心。

不要怕他做不好，因为所有的家务事都是熟能生巧的事情，要给他一定的机会，当然让他来分担一部分家务的时候也要注意方式方法，不要颐指气使地命令他来做，而是要让他觉得你需要他的帮助，只有他才能帮你做好。

6. 要有和谐美好的性生活

性生活是男女生理上的一种自然需求，也是维系夫妻感情的重要纽带。性生活越和谐，婚姻就越幸福。因为美好的性爱关系有助于双方感受婚姻的满足感，让夫妻间的感情变得更亲密。

当然，和谐美好的性生活能让夫妻之间更加坦诚地接受对方，你属于我，我属于你，彼此分享快乐。

7. 用善于发现美的眼睛去欣赏对方

金无足赤，人无完人。每个人都会有这样那样的缺点。不要一味地指责，更不要以挖苦的方式"挑毛病"，如果对方确实有缺点或失误，耐心沟通就好。切记，挑剔是经营婚姻的大忌。

幸福的家庭从来都不是讲理的地方，那是一个讲爱的地方。所以，对于爱的人，我们更要懂得用我们那双善于发现美的眼睛去看对方，欣赏对方。多一些谅解，多一些关爱，多一些赞美和欣赏，你就会发现，在不知不觉中，他变成了你希望的模样。

8.幽默是美好婚姻的润滑剂

夫妻相处久了，就会产生一定的疲劳感，而幽默恰恰是婚姻生活最好的润滑剂，用幽默调味的婚姻，不仅能为爱情保鲜，还能创造出轻松愉快的家庭氛围。

恰到好处的玩笑，自然地做个滑稽动作，用笑声打破紧张气氛，转移不良情绪，都是很好的解决夫妻之间的一些小问题、小矛盾的方法，从而使双方的感情不断升温，变得更加稳固。

是的，选择一个好的婚姻固然重要，但你还要有爱的能力以及经营一份情感的能力。天上不会掉馅饼，任何的成功都需要努力付出，婚姻也是一样。只有好好经营，好好呵护，你才有能力把握住属于自己的那一份美好和幸福。

第二章

宠爱自己，遇见更有魅力的自己

你本来就很美！因为女人的美是天生的，只是你不小心忘记了这一点。

有爱情和婚姻滋润的你应该更美：从容淡定、娴静优雅、婉约有致。

你的魅力源自对自己的宠爱，懂得内外兼修，你的优雅、幽默和自信让你越活越美丽。

没有丑女人，只有懒女人

如果有这样两个女人想要和你结婚，你内心会更想要谁成为你未来的妻子：一个是打扮得体，谈吐温文尔雅的美丽细致女人；另一个是穿着普通，甚至可以说是比较邋遢，完全不打扮的粗糙女人。毋庸置疑，你肯定会选第一个。爱美之心，人皆有之。既然作为女人的你都会选择第一个，更何况男人呢？

在一项有关妻子形象的调查报告中，丈夫们不满意妻子的形象主要有以下几点：

她不是个注重外表的人；

她至少胖了十斤；

她一点也不注意形象，邋里邋遢；

忙于工作和家庭没时间打扮；

嫁了人就放松对自己的要求了；

懒，连洗澡都得我逼着；

她周围的朋友都不怎么爱打扮；

淡妆还好，浓妆不能接受。

丈夫们对于妻子的这些不满意，都在说明一个问题，那就是原本在他们心目中那个美丽的你，因为忙于操持家务，忙于照顾孩子，因为对自己懒，让自己变成了一个丑女人。

张挺虽然是一名已婚男子，但他最近喜欢上了公司的女同事丽宁。丽宁，高贵自信，风采迷人，令张挺以上班为人生至乐。每天，在办公室，张挺都会偷看她。他已然被她征服了。

每天下班张挺都不愿意回家。因为在他眼中，他的老婆就是一个十足的黄脸婆，整日在油盐酱醋中打转，蓬头垢面地穿着老旧的衣服，压根就不知道好好打扮自己，而且她非常唠叨，一点儿都不温柔。

张挺真希望单位能24小时都要求加班，这样他可以和自己仰慕的丽宁在一起了。

一日，张挺和老婆吵架，不知不觉便走到了丽宁的楼下。此时的他决定要向丽宁表白，他不希望自己对她永远只是暗恋。

张挺拿出当初娶老婆的勇气按响了丽宁家的门铃。来开门的是一个披头散发、衣衫不整的女人。开门后，丽宁一只手抓着锅铲，另一只手就在围裙上擦手上的油渍。丽宁以为是推销人员，所以并没有正眼看他。只听见丽宁愤怒地叫道："大清早就来推销，有没有搞错啊？""砰——"的一声，门被用力地关上了。在那一瞬间，张挺听到她正在门里面大吼道："儿子！赶紧洗脸刷牙去！慢慢吞吞的，干什么呢？还有，赶紧叫你爸起床，吃早餐了！"

此时的张挺这才明白原来自己所倾慕的女人，竟也是另一个男人的黄脸婆。

所以，对于男人来说，他们希望自己的妻子是美丽动人的，而不是一个邋里邋遢，不懂得装扮的“黄脸婆”。

其实，对于女人来说，美丽一生是可以实现的。20岁的女人美在青春，30岁的女人美在成熟、有女人味，40岁的女人美在智慧、典雅，50岁的女人美在知性、善解人意。

作为一个女人，无论你年纪有多大，都不要害怕时光吞噬你的年轻，因为总有人会这样告诉你：“世上没有丑女人，只有懒女人”，“三分长相，七分打扮”。对于一个女人来说，美丽也是可以通过努力争取来的，也许你不是天生丽质，倾国倾城，但是，俗话说，一白遮百丑。学会护肤，学会化妆，学会穿衣打扮，即使你是个再平凡的女人，也会变美的。

那么，我们应该如何做才能摆脱“黄脸婆”的标签，做个越活越美丽的女人呢?

1.学会保养自己的皮肤

婚后的女人经常会与锅碗瓢盆、柴米油盐打交道。如果不懂得及时保养，你就会发现自己的皮肤变得越来越粗糙，要是放任不管，你会变得连自己都不认识自己了。试想一下，家里买了一辆汽车，你都舍得花钱一年保养几次，因为你知道保养了以后，这个车子就能和新的一样，而且能开得更长久。

所以，赶紧开始保养起你的皮肤吧！当然，首先你要弄清楚自己的肤质，选择适合的护肤品。如果你不懂也没关系，去专门的美容院让专业人员来为你护理，千万不要心疼钱，也千万不要相信男人在婚前说的“不管你变成什么样，我都会爱你一辈子”这样的鬼话，因为当他看到容光焕发的你的时候，会更加爱你。

2.学会一点化妆打扮的技巧

化妆是女人的一种生活态度，体现着我们的生活品位和质量。有一个哲人曾经说过：“化妆是使人放弃自卑，与憔悴无缘的一味最好的良药。”女人化妆不仅是为了体现自身之美，也是尊重别人的一种表现。

适当化妆可以让女人的气色变好，但女人们千万不要把自己的脸变成调色盘。女人们可以学会化一点淡妆，这样，你卸装前后的差别也不会很大，当然，对你皮肤的伤害也会小很多。

3.穿着很重要

大多数女人都知道，在不同场合穿着不同的着装。同时，女人们要注意的最重要的也是最容易被忽视的是在家里的穿着，这才是决定女人是“精装”还是“平装”的关键。因为大家每天都要出去工作，老婆和老公见面的时间也就是在家里的短短几个小时而已，怎么能让老公觉得自己的老婆与他公司里的“精装”女人比也毫不逊色呢？这就要靠打扮得体，买一些颜色素净的、材质好的、合体的家居服。

4.要注意内在的修养

女人随着年龄的增长，外在的吸引力肯定一天天在减退。

所以，婚后的女人要致力于内外兼修，特别是要注重内在的修炼，要多吸收些知识，这样能让你看上去更有气质。什么是气质？气质就是能让人在人群中一眼就看出你的与众不同。婚后的女人切忌把自己变成一个乏味唠叨的长舌妇，每天只关注自己的小圈子，东家长西家短，这样最容易引起老公的反感。

爱美是每一个女人的天性。婚后的女人更应该懂得投资自己，让自己越活越美丽。

打造你的完美身材

爱美之心，人皆有之。无论男女，都是如此，而男人更是典型的视觉动物。

对男人而言，女人的曼妙身材，在最初似乎远比她的智慧和才能更有吸引力，也是一种持续的诱惑力。评判一个女人性感与否，身材绝对是最重要的因素之一。

曾有人做过这么一项调查，询问了一些来自各行各业的男人一个问题，那就是他们是更在意女人的脸蛋还是身材。其中，有92%的男人选择“更在意女人的身材”。好的身材是女人增加吸引力和自信的资本。

然而，大多数步入婚姻的女性对自己的身材越来越不重视，特别是在生完孩子以后，不知道锻炼，缺乏管理自己身材的意识而变得臃肿不堪，最后导致老公连拥抱的欲望都没有了。

馨子长得非常漂亮，特别是她那魔鬼的身材和大长腿，追她的男人多得数不胜数，但馨子眼光比较高，这些人都没入得了她的眼。

后来，在一次朋友的聚会上，她认识了自己现在的老公张凡。那时，张凡已经大学毕业并进入了一家五百强企业工作了。张凡对馨子一见钟情，便迅速展开了爱情攻势。他每天下班之后都会到学校去看她，而馨子也被张凡温文尔雅的气质所吸引，觉得自己和他非常投缘。很快，两个人便坠入了爱河。

一年后，馨子毕业了，两个人顺其自然地结婚了。结婚第二年，他们便迎来了家里的另一位成员。馨子觉得幸福美满的婚姻生活大抵都是这样的吧：有可爱的儿子，有帅气多金的老公。

但是好景不长，她无意中发现了老公与一个KTV的迎宾女孩居然已经同居了半年之久。馨子对此感到非常不解，也很难接受这个事实，馨子反复问自己："我老公素质那么高，怎么可能喜欢上这种女孩呢？"

在和老公当面对质后，老公承认自己出轨了。

老公承认馨子温柔贤惠，夫妻俩感情也一直很好。只是在馨子生过孩子之后，她的身材发生了非常大的变化。因为喂奶时间长，她的胸部严重下垂了；为了让孩子有充足的奶水，她喝了各种各样的下奶汤，腰间的赘肉也因此在不断堆积；怀孩子时留下了许多妊娠纹，皱皱巴巴地，让她的肚子难看得简直让人无法直视。看着镜子里的自己，馨子终于明白老公为什么会出轨了。

照理说，生儿育女本来是女人这一辈子最幸福的事情，可就是因为生育之后让很多女人陷入了身材毁灭的漩涡之中。所以，作为女人一定要注意孕中和产后对自己身材的保养。因为靓丽的容颜和姣好的身材不仅对幸福家庭来说是个保障，而且拥有健康而迷人的好身材还是你热爱生活、享受健康生活的体现。如果你想要拥有这一切，那么就请你从生活的点滴做起，用心打造属于自己的好身材，拥有让别人都羡慕的幸福生活吧！

1.要有合理的作息时间和饮食习惯

作息时间是否规律，对女性身材的影响至关重要。要想保持好的身材，首先要做到合理正确地利用好作息时间，每天要保证睡足六到八个小时。饮食习惯也要科学合理，能够保证机体正常运转；饮食习惯不科学，相当于慢性透支健康。

女人为了健康和美丽要有科学的吃睡之道，千万不要只为满足一时的口腹之欲或过度地节食减肥，从而断送了自己的美丽和健康。

大多数女人虽然知道饮食对于身体健康的重要作用，但又错误地认为，只要食用营养丰富的食品就足够了。按照错误的观点去做，自然也是会影响健康的。臃肿的身形会告诉别人，你把自己照顾得很糟糕。

2.进行适当的有氧运动

适当的有氧运动的确可以延缓衰老，是生命魅力的保鲜剂。能够持之以恒花时间做一些诸如跑步、练瑜伽、跳舞等有氧运动的女人，不仅能让多余的脂肪燃烧掉，从而获得曼妙的身材，还能让人感到她充满了活力。

3.定期做好心理美容

女人的魅力不仅仅在于脸庞和身材，还在于良好的心境和美丽的心情。当一个人心情好的时候，可以大方自然地微笑。当一个人心情不好的时候，更应该保持微笑：一方面是因为微笑可以为自己赢得更多的关注与掌声，这样你才能以最快的速度恢复心情；另一方面是希望自己不会因此成为污染别人情绪的“元凶”。同时，这种美好的心情也可以作用在自己的体态上，让自己变得更加优雅和美丽。

现代医学研究表明，人的精神状态即心情好坏与身材休戚相关。据专家介绍，一些人心情不好的时候暴饮暴食，这极易导致肥胖；一些人会因心情不好而失眠，经常失眠的人会引起内分泌失调，而因内分泌失调引起的肥胖，是很难减的。

4.远离不良的生活习惯和嗜好

不良的生活习惯和嗜好有害于我们的身心健康，因为不良的嗜好会使我们的中枢神经系统长期处于紧张的状态，会让我们身心疲惫，从而缺失了保养身材的时间与精力，所以要想拥有一个好的身材，就要远离那些不良嗜好，并用积极乐观的态度去面对生活。

5.保持一个乐观的心态

一个好的身材与乐观积极的生活态度是密切相关的，乐观的生活态度也包含了女人们对生活的热爱程度，一个积极向上的女人是快乐、开心、豁达的，在这种正能量的感染下，曼妙的身材自然会跟随着你。

有人对女人的身材进行了一个概括：体重在80斤~90斤的女人是骨感，90斤~110斤的女人是性感，110斤~120斤的女人是肉感，120斤~150斤的女人是情感，150斤以上的女人那就纯属幽默感了。虽然这只是一个调侃而已，却应让女人们引以为戒。所以，女人，请你好好管理自己的身材吧！因为连自己的身材都管理不好的女人是没有美好未来可言的。

内外兼修的女人秀外慧中

很多女人都觉得，男人就是喜欢漂亮的女人。于是，她们千方百计开始了“为悦己者容”的计划：节食健身，为了塑造完美的体型；学习化妆技巧、服饰搭配，为了看上去更时尚、有魅力；注意言谈举止，为了让人感觉自己很有修养……

其实这完全没问题，但她们忽略了更重要一点，那便是一个女人的美丽不仅仅是指她的外表，还要看她的内涵。因为女人的容貌不会一直伴随着你，它会随着时间的流逝而流逝；而沉淀在女人心中的内涵，则会随着时间的积累变得不断丰盈起来，在你的言谈举止间不经意地绽放出来，这样的美丽是岁月偷不走的。

而且一个女人即便有“沉鱼落雁之容、闭月羞花之貌”，如果没有内涵，丧失了温柔，那么也可能会“金玉其外、败絮其中”。她就如同一束没有生命的塑胶花般浅薄无聊、庸俗不堪，哪还有什么魅力可言？所以，女人的美不仅在于外表，更在于由内而外散发出来的摄人心魂的气质。那是一种知书达理也知情识趣，典雅却不孤傲，内敛却不失风趣；那更是一种从容淡定，娴静优雅，婉约有致。如此内外兼修、通情达理的女人更具魅力。

总之，对一个女人来说，不仅要注重外在的美，更要修炼内在的美，做一个真正有魅力、有气质，而且又温柔漂亮的好女人。

许远经营着一家大公司。随着公司规模越来越大，他回家的次数也变得越来越少了。他总是推说公司忙，需要应酬。其实，公司里的人都知道，他们的大老板在外面养了个小情人。

后来，许远的妻子芊芊在得知此事后，感到非常伤心。芊芊在老公一无所有的时候，不顾家人的反对，就跟他在一起了。那时，两个人省吃俭用地攒了一笔钱给许远租了一家小门店做起了小生意。当门店开业的那天晚上，许远对芊芊发誓自己一定努力赚钱，让芊芊过上好日子。结果，好日子是过上了，老公的心却给了别的女人。

芊芊知道，这些年来，自己心里只有这个家，脑子里除了老公、孩子，从来没有好好关注过自己。看着镜子里的自己：发福的身材，失去弹性的皮肤，穿着过时的衣服，她似乎明白问题出在了哪里。

第二天，芊芊和许远提出了离婚。离婚后的芊芊像是离开牢笼的小鸟般变得自由自在起来。她一口气报了好多个班：健身班、烹饪班、服装设计师班。经过两年的努力，芊芊变得时尚、自信而富有气质，身材也是一级棒，而且她还取得了服装设计师的硕士学位。当地一家非常著名的设计公司在看了她的设计作品后当即就决定聘请她为他们公司的设计师。

有一次，芊芊正好在一家咖啡厅里喝咖啡，碰巧遇上了她的前夫许远。许远当时就傻眼了，原来自己的妻子是如此美丽动人。于是，他下定决心，要重新开始追求她，而且一定要把她追回来为止。

芊芊的改变不仅赢回了更完美的自己，更是赢回了老公的心。

那么，我们应该如何做一个内外兼修的女子呢？

首先，要注重对自己容貌的保养、打扮，正所谓“三分长相，七分打扮”，保持均衡的饮食，适量的运动，会让你看上去更年轻、更有活力，从而让你时刻保持一个完美的精神状态；其次，要时刻谨记，容颜易老，内涵不老，所以要注重内心的修炼，让自己在喧闹的尘世间保有一份坚毅、优雅、淡泊、博爱的内涵美。

当你做到以上两点时，你就会遇到那个更加优秀而完美的自己了，你也会发现你的老公越来越爱你了。

优雅的女人永远不会老

谈到“优雅”一词，我相信很多人的脑海里都会浮现出电影里法国女人的样子。她们那优雅的仪态和气质，有品位的着装搭配，精致的妆容，浑身还散发着沁人心脾的香气。她们在的地方，永远是焦点所在。

所以，对于优雅，很多女人认为只能仰望，觉得自己可望而不可即。

其实，并非如此。优雅，不是名门望族女人的专利，而是每一个女人的专属权利。是的，美丽是天生的，但优雅是后天可以培养的。我们不仅要有追求优雅的梦想，更要有展示优雅的能力和智慧。它是每个女人一生的必修课。

我们都知道容颜会随着时光的流逝而逐渐消逝，而优雅却不会，它只会像陈酿一般，时间越长越让人感到醇香、迷醉。

那么，到底何谓优雅？优雅是一种感觉，这种感觉更多地来源于丰富的内心，智慧、博爱，还有理性与感性的完美结合。何谓优雅女人？优雅女人是指拥有大度、优秀气质的女人，她的优雅是自然的、有个性的、简洁的、知性的，它不单指外在的美丽，还是顺应生活各种不同状况反映出来的内心的一种智慧。

所以，美丽的女人未必优雅，但优雅的女人必定有着吸引力。因为她的气质、智慧会在她那举手投足间、一颦一笑时慢慢地释放出来，会让人感觉魅力四射。

既然优雅如此之好，那么你是不是也已经心动了，想让自己变得优雅、富有魅力了呢？但是，有人说："要做到优雅太难了。"其实，那是因为她们找不到优雅的秘诀，不知道从何做起罢了。做优雅女人的秘诀很简单，就是从身边的小事做起。

1.装扮得体，举止大方

每个女人都会有自己独特的魅力，只是很多人不知道如何展示而已。俗话说："人靠衣装马靠鞍。"即使你有着倾城倾国之貌，如果你不懂得装扮，也会让你的整体效果大打折扣。得体的装扮可以突出你特有的魅力，让你变得落落大方，显出你的气质。同时，你要时刻注意自己的言行举止，行为要得体，说话要温柔，注意分寸，切不可大声吵嚷。

如果你不擅长装扮，那么你可以多看一些时尚杂志，看看里面的模特是如何搭配衣服，结合自己的优劣势，做到取长补短。你也可以去读一些关于如何修炼优雅举止的书籍，看一些有关优雅女人的电影，相信通过一段时间的耳濡目染，你的审美一定会得到提升，你的装扮也会变得更加得体，行为举止也会变得有礼有节。

2.心地善良，宽容待人

善良和蔼是优雅女性的特性。奥黛丽·赫本一直是优雅女人的代名词。而最令世人敬重的便是她的善良之心。晚年时的奥黛丽·赫本投身慈善事业，是联合国儿童基金会亲善大使的代表人物，为第三世界妇女与孩童争取权益。1992年被授予美国“总统自由勋章”，1993年获“奥斯卡人道主义奖”。虽然她已不再年轻，但是她那颗金子般的心让她散发异样的光彩。很多人都觉得晚年时的奥黛丽·赫本比她年轻时更优雅，更有魅力。

也许你不够漂亮，但只要你拥有一颗同情心，懂得给予他人理解和安慰，这样的你便会更动人。

3.时刻给自己充电，让自己充满智慧

智慧是优雅女人不可或缺的养分。它能让一个女人静若幽兰，芬芳四溢。智慧的女人自信、干练，她的情感丰盈而独立，她能睿智地审度万物。她永远是那么懂分寸，知进退，明事理，举手投足之间总会散发出浓浓的女人味。

智慧的获得来自于一个人不断地学习、充电，只有这样，你才能不断地提高自己的内在修为，从而达到“左手智慧，右手幸福”的完美境界。

4.具有独特的个性

没有个性的女人犹如插在花瓶里的绢花，虽然美丽却没有生命；没有个性的女人就像浴缸里的金鱼，虽然好看却没有自己的自由；没有个性的女人就像一杯白开水，虽然解渴却无滋无味；没有个性的女人就像丢失了上帝赋予她的灵魂，虽然外表美丽内心却苍白无力。

这里所谓的个性不是指专横跋扈、胡搅蛮缠，抑或是咄咄逼人、目空一切。女人的个性就是女人身上独有的气质、品位和魅力。有个性的女人，纯真浪漫，却不乏温婉贤淑；热情奔放，却不乏从容淡定；知书达理，却不乏秀外慧中……当你拥有独特的个性时，你就将变得生动迷人。

5.自信且满怀理想

优雅的女人总是充满着自信，并对未来充满希望。自信的女人总是能够坦然地面对生活赋予她的一切，幸福也好，苦难也罢，她总有勇气去承受，即使面对挫折和逆境，她也有前进的动力。自信让她相信自己可以克服所有的困难，并不断地完善自己，她总是精神焕发地投入到生活和工作中。

6.拥有自强自立的特质

优雅的女人懂得自强自立，她们可以独自撑起半边天，而不再需要去依赖男人为自己做事。她们有自己的人生观、价值观，有自己的崇高理想：希望像男人一样追求事业上的成功，以工作和事业的成就为乐趣，具有独立生活的能力。与这样的女人相处，会让人深切地体会到她对生活的热情和她那精彩的生命力。

只要我们开始从身边的这些小事做起，从外表上装扮起来，学一点儿化妆技巧，搭配一些好品质的、适合自己风格的衣服；从内在上丰富自己，学习一些相关的知识，让书香气弥漫在你周围，不断修炼你的气质和脾气秉性，相信，优雅的你一定不会老。

幽默是智慧女人的超级武器

国外某研究机构曾做过这么一项调查：他们向2000名成年男女发出调查问卷，询问他们在择偶时对方哪些特质最能对其产生吸引。令人意外的是，绝大多数男女受访者都把“幽默感”排在了第一位。第二位则略有不同，女性较在意男性的经济能力，而男人更注重对方的外貌。排在第三位的则同为聪明才智。

生活就是每天重复着做同样的事情，久而久之，人们就会产生疲劳感，觉得生活已然变得枯燥无味了。婚姻生活也是如此。所以，大家才希望能找一个有幽默感的人、有趣的人，让自己在这个漫长的婚姻长跑中有一些色彩和花样，从而让自己的婚姻时不时地充满新鲜感。毕竟，生活在这个世界上已经够累的了，还要和一个紧张兮兮或严肃的人过一辈子，那简直是太可怕了。

有人说：“有趣，是婚姻的春药。”我认为，有趣就是幽默感的体现。不仅男人需要富有幽默感，女人更需要有。因为一个懂得幽默的女人，一定是智慧的，而且是善解人意的。这样的女人喜欢生活，懂得用自己的方式面对难解之情，用微笑放松自己，用智慧的花香把自己熏陶得更加富有魅力。

有一次，章启带着自己的妻子和朋友们出去聚餐，大家吃吃喝喝，玩得很开心。

章启的酒量不行，没过多久就喝多了，开始说起了胡话。坐在一旁的妻子很是不好意思，于是悄悄对他说：“别喝了，再喝就要闹大笑话了。”没想到，章启借着酒劲突然厉声喝道：“你……你敢管我？！”

酒桌上顿时变得鸦雀无声，所有人都尴尬地看着这对夫妻，感觉一场家庭版“世界大战”即将上演。

结果，章启的妻子竟然笑眯眯地说了一句：“臣妾不敢，臣妾做不到呀！”

大家都被章启妻子的这句话逗乐了，而此时的章启也清醒了过来，他迅速抓起爱妻的手吻了一下说：“朕赦你无罪了。”

这时大家才明白，为什么章启这么优秀的一个青年才俊会爱上他的妻子，一个身材、长相都一般的女人。章启的妻子说：“夫妻之间哪能事事较真，又不是什么原则性错误。磕磕碰碰是很正常的事，说说笑笑就过去了。何必搞得那么紧张呢？”

幽默是女人最大的魅力，章启的妻子就是深刻地体会到了这一点，她用自己的幽默智慧做到了把日子过得有趣、轻松和快乐。幽默是婚姻生活的调味剂，是上天赐予女人的美丽法宝。

幽默的女人生性乐观，即使身处逆境，也能够从容淡定，开朗豁达，从而让自己在谈笑间轻松度过逆境，化解生活中的一切难题。幽默的女人自信、率真，全身散发着正能量因子，让人忍不住都想和她靠近，去感受和分享她的那份美好。

赵放开了一家公司，生意做得红红火火。后来，因为投资失败，倾家荡产不说，还欠下了一屁股债。

赵放一下子急火攻心病了，只能躺在床上唉声叹气，有时候他觉得自己太无能了，甚至想到了自杀。

家庭的重担一下子落到了赵放的妻子身上，但是她坚信一切都会好起来的。妻子每天除了上班，还要负责接送孩子，做一堆家务活。她不仅没有怨言，还会不时地逗赵放开心。

赵放有时候心情不好，耍脾气，把手边的东西乱扔一地，妻子就会把儿子叫过来说：“儿子，你看，你爸爸好可爱呀，返老还童了，和你小时候一模一样，喜欢随便乱扔东西呢！”

赵放赌气绝食的时候，妻子就摸摸他的头说：“乖，想吃什么就说，我好出去给你觅食呀！”

赵放心疼妻子劳累，妻子却笑着说：“以前是你负责养家，我负责貌美如花。现在是我负责养家，而你只需种菜养花。”

黯淡无光的日子终于在妻子风趣幽默的感召下过去了，赵放又重新树立起了信心，决定从头再来，随着时间的推移生意也是越做越大。他说：“我真是太幸运了，这辈子能有幸娶到这么一位有趣的贤妻良母。没有她就没有我现在的成功，我的军功章上有一半多是我妻子的功劳。”

一个幽默的女人，一定有着很深的生活体验。懂幽默的女人有着淡淡的从容和洒脱，会用带笑的心去体会人生，感受生命，去化解生活上的一切矛盾。女人一旦拥有幽默，就会气质倍增，魅力无穷。所以，试着让自己做一个幽默风趣的可爱女人吧！

自信的女人更美丽

20世纪最伟大的成功学大师卡耐基曾说过：“自信的女人才是世界上最美丽的。”有一次，他为一位前来咨询的女士讲了这么一个故事。

小镇上住着一个女孩，她从小便没了父亲，一直与母亲相依为命，日子过得很艰难。她从来没有穿过一件漂亮的衣服，也没有戴过什么像样的首饰。她很自卑，觉得别人都看不起她，走路时总是低着头，害怕别人看她的眼神，更别说和别人对视了。她一直暗恋着一个邻居家的男孩，却觉得他永远都不可能注意到她。因为自己是那么平凡，那么普通，还不漂亮。

在她十六岁生日那天，妈妈破天荒地给了她二十块钱，让她去买点儿喜欢的东西。她很兴奋，一时不知道该买什么好。最后，她来到了一家有名的商店，一狠心买下了那朵她渴望已久的漂亮的头花。售货员帮她戴在头上，对她说："呀，看看，你戴上这朵头花变得漂亮极了。"她望着镜子里戴着头花的自己，顿时有了自信。她说了一声谢谢，转身就兴冲冲地往外跑，在商店门口，她隐约感到撞了一个顾客，可是她已经顾不上这些，兴高采烈地来到街上。她感到街上所有人都在看她，好像都在议论："瞧，那个女孩真是太美了，怎么从来不知道镇上有个这么美丽的姑娘。"

迎面走过来她一直暗恋的邻居家的男孩，没有想到的是，那个男孩竟然约她去参加舞会。女孩感到幸福极了，她想索性把剩下的钱再给自己买点儿东西吧。于是，她又飞快地往商店里跑。这时，卖给她头花的售货员拦住了她，说道："姑娘，你刚刚出门时撞掉了头花，我一直等着你回来取呢!"

自信的女人最美，不是因为美丽而自信，而是因为自信而美丽。美貌可使女人骄傲一时，自信却可使女人魅力一生。自信的女人拥有一种"光环效应"，通身散发着独特的吸引力，自信使她看上去神采奕奕、明艳动人，那是一种优雅，一种沉稳。她总是扬着自信的头，嘴角常挂着微笑，炯炯有神的双目流动着光芒。她的举手投足是那样干练而有风度，她没有令人惊艳的姿容，却能在人群中卓然挺立，进而吸引到别人欣赏的目光。

然而，婚姻中的很多女人都像故事中的那个女孩一般对自己极其不自信，她们整天围着自己的老公问："你到底爱不爱我？""你爱我有多深？""爱我就用行动表现给我看！"有事没事就喜欢翻老公的手机，看看是不是又有什么狐狸精在勾引自己的老公。老公稍微晚一点儿回家就是各种质问："这么晚去哪儿了？和谁在一起？干了什么？"老公在外面辛苦了一天，还得像犯人一样，回答各种莫名其妙的问题。你怀疑自己的魅力，对老公严加防备，长此以往，只会让你们之间的爱情逐渐被烦恼和不快折磨得消失殆尽。

米舒和佳康结婚三年了，是大家公认的模范夫妻。二人既没有红过脸，也没有吵过架。日子就这么平淡地过着。

突然有一天，米舒发现佳康的手机里有一条来自一个陌生号码的暧昧短信："昨天分开后，就一直很想你，你是不是一样也在想我呢？"米舒当时就惊呆了，原来自己的老公竟然背着自己和别的女人好上了。看着镜子里发福的自己，米舒觉得要是离开了佳康，没有工作的自己该怎么办？于是，她默默地将手机放回了原位。她决定隐忍下来，毕竟她相信老公一定会有回心转意的那一天。

直到有一天，米舒去商场买东西，直接撞见老公佳康正搂着一个年轻漂亮的姑娘从一家饭馆里走出来，尴尬之余，她哭着跑出了商场。痛定思痛，米舒觉得自己太不自信了，离开老公自己也能过得很好。很快，她便开始规划起了自己的新生活，报了个自己感兴趣的学习班，每天开始锻炼身体。同时，她也把离婚协议书递给了佳康，她认为对于不爱自己的人，也不值得留恋。

米舒从一名普通的员工开始做起，到后来自己开始创业，她变得越来越自信，也越来越优秀。在一次和外商的合作谈判中，她出色的英语口语，得体的打扮和卓越的能力，深深地吸引了一位优秀的华侨。经过一段时间的相处，这位优秀的华侨向她求婚了。两人最终过上了幸福的生活。

女人一定要自信，自信是女人生存的底气！所以，无论你现在有多沮丧，请不要自暴自弃，因为自信从来未离开过我们，只是被我们遗忘了。要知道，我们只有相信自己，相信自己能做到，幸福就离你不远了。

第三章

用心沟通，遇见更通情达理的自己

对于幸福婚姻来说，沟通犹如空气一样重要，缺乏沟通的婚姻会让人窒息，而不懂得沟通的爱情会让人中毒。

用心、有效的沟通，像是一个情感的催化剂，能够迅速消融夫妻间的隔阂；像是爱情之花的营养液，令夫妻间的感情变得更加甜蜜；像是巩固你们爱情的堡垒，让它变得坚不可摧。

与此同时，你也能遇见那个更通情达理的自己。

用心去沟通

无论是在生活还是工作，关于沟通的书很多，这足以说明沟通对于人来说确实很重要。为什么沟通这么重要呢？我们先来看一下它的含义。所谓沟通，就是人与人之间、人与群体之间思想与感情的传递和反馈的过程，以求思想达成一致和感情的通畅。人不可能孤立地生活在这个世界上，免不了要和别人打交道，所以，“沟通”代表着人与人相互之间的理解和信任。“用心”代表着用真心和真诚筑起心与心之间的桥梁，只有用真心、用真诚去传情达意，才能使彼此的交流更为顺畅、更为深入。

特别是对于幸福婚姻来说，沟通就犹如空气一样重要，缺乏沟通的婚姻会让人窒息，而不懂得沟通的爱情会让人中毒。

本来两个人在对的时间遇上对的人，而那个人刚好也很爱你，所以你们幸福地走进了婚姻的殿堂，这本是一件美好而浪漫的事情，结果因为不善于沟通或不屑于沟通，在和伴侣相处的过程中，最终让沉默代替了激情，让不理解折磨了爱情，让争吵消磨了耐心，一对郎才女貌、天作之合就这么结束了。

有个心理咨询中心曾做过一项调查表明：在所有的家庭问题中，婚姻家庭问题占68%，80%的社区妇女不知道如何和老公沟通，80%的夫妻认为对方了解自己的需求，90%的夫妻喜欢用指责的口气说话。而在离婚家庭中，夫妻双方无法沟通、感情冷漠导致婚姻无法维持的占了六成左右。

所以，在婚姻关系中，沟通是重头戏，但也绝对是一个技术活。用心、有效的沟通，像是一个情感的催化剂，能够迅速消融夫妻间的隔阂；像是爱情之花的营养液，令夫妻间的感情变得更加甜蜜；像是巩固你们爱情的堡垒，让它变得坚不可摧。

李曼和张忠在一次朋友聚会上认识，两个人一见钟情，很快就确立了恋爱关系。恋爱中的两人天天煲电话粥，见面了也有说不完的话。

半年后，两人就领证结婚了。然而，婚后的情形却大不如前了。李曼渐渐发现张忠这个人虽然平时工资挣得挺多，但是他花钱大手大脚，所以基本上工作了那么多年，也没什么存款。而且他又自卑，又特别好面子。张忠也发现李曼心气比较高，对自己的要求也比较多，希望自己能赚更多的钱。

所以，为了讨李曼的欢心，张忠天天早出晚归地加班加点，出差也是家常便饭，就是想博得老板的重视，赚取更多的年终奖。而李曼却觉得结婚以后，张忠对自己冷淡了不少，以前谈恋爱时天天问候自己吃了没，天冷了要注意加衣服，下雨记得带伞……现在的他一天都不见人影，回来更是倒头就睡，想和他多说两句话都不太可能。于是，李曼只好发各种大小姐脾气想引起张忠的重视，而张忠觉得自己拼死拼活地为这个家付出，都结婚的人了，她为什么不能懂点事。

家里经常就是李曼在那儿嚷嚷，张忠闷不吭声地玩着手机，他已经对这种事情越来越冷漠了，最后以李曼无奈的精疲力尽收场。双方都开始后悔为什么当初没有看清楚对方，恋爱中那个对的人去哪儿了。

很显然，李曼和张忠两个人都是不知道怎么沟通的人。李曼只会通过发脾气来表达自己的不满，但这并不能将自己的需求明确地传达给张忠，而张忠简单地认为李曼是大小姐胡乱发脾气，所以他觉得只要自己不反驳，她生完气问题就解决了。所以，双方都没有进行有心、有效的沟通，从而使自己的诉求得不到满足。

那么，什么是有效沟通呢？有效沟通主要是注重互相交换信息，了解彼此的意见、感受和需求，懂得在何时做什么事情，如此才能让你的感情得到健康的发展和延续，并逐渐走向成熟和稳定。

我们也会经常听到这样的话："我们从来没有沟通""我和他已经没有共同语言了""他根本就不知道我在想什么，我们俩就只是同住一个屋檐底下的陌生人罢了"……首先，我们要知道没有沟通的情况是不存在的。包括上例中张忠的冷漠在内，谩骂甚至暴力行为都是沟通的一种，当然这是错误、恶劣的沟通方式。冷漠表示"我不在乎你"，谩骂表示"我讨厌你"，暴力则更直接的表示"我恨你"。其次，很多夫妻被生活的琐碎磨去了激情，从而沟通也变得更加层面化，而不是真正用心地去表露自己的真实想法或是走进对方的内心世界，最终在麻木不仁中让感情之花枯萎凋零。

还有一些人想通过沟通让对方了解或满足自己的需求，这没有错。但是你忘了"用心"二字，所以，当这些请求变成所谓的要求时，也意味着你在采用最愚笨的方式在沟通。因为这时的你只想到了自己，只要你所需要的，你的才是唯一的、最重要的，而没有考虑过对方的立场、感受及利益。如此的不体贴只会让对方将你的爱意一分分地减少，久而久之便会换来冷漠、谩骂甚至暴力。

而且你的要求也是一种变相地将自己的意愿强加到那个爱你的人身上，这也是一种不尊重对方的表现。婚姻中的双方都是平等的，没有谁比谁高一等，要有，也是因为对方爱你多一点，他让着你。

婚姻里，少不了沟通，因为它真的很重要。当感情出现一点点小问题时，我们千万不要只懂得横眉冷对、妄加指责，因为过去多次口角产生的积怨，迟早有一天会让夫妻二人彼此憎恨，所以不妨试着平心静气地坐下来，把问题摊开，用耐心、真诚，用你们之间存在的爱，把问题解开。这样的沟通，才能真正顾及对方的感受，才是真正的用心交流，这种沟通充满了尊重和柔情。

不要随意猜疑另一半

两个相爱的人在携手走进围城的时候，无不期望自己的婚姻是幸福美满且能白头到老的。然而，随着社会的不断发展，经济水平的不断提高，再美好的婚姻，再和谐的夫妻关系也会因为相互的猜疑而出现裂痕。

都说，猜疑是爱情的杀手，猜疑是婚姻的杀手。夫妻之间一旦心生嫌隙，互相猜忌就似一条无形的锁链，紧紧地捆住了双方的手脚，使夫妻双方陷入痛苦之中，甚至导致家庭破裂，酿成悲剧。

哲军和小丽是同一个大院长大的孩子，青梅竹马。大学时期的小丽已经出落得亭亭玉立，楚楚动人了。而哲军也是高大威猛，非常帅气。大学毕业后两人就宣布结婚了。婚后，两人一直恩恩爱爱，相濡以沫，他们一直是别人眼里的模范夫妻。婚后一年，当好多同学还在不停地相亲时，他们已经生了个大胖小子。

经过多年的打拼，凭着哲军的不断努力，他创办的公司有了很大的起色。于是，哲军对妻子小丽说："老婆，这几年辛苦你了，现在我的公司收益也越来越好，你就安心在家带孩子，赚钱的事儿就交给你老公吧！"小丽看着自己的老公，心里别提有多高兴了，她也一直想在家能多陪陪儿子。很快，小丽便辞职了，在家安心地过起了相夫教子的生活。

突然有一天，小丽的闺蜜张兰接到了她的电话，电话那头的小丽已经哭得泣不成声。张兰不知道出了什么事，只能一边安慰说："怎么了？没事吧？你先别哭，一切都会好的。"小丽哭着把自己离婚的消息告诉了她。而张兰万万没想到如此恩爱的夫妻也说散就散了，"到底怎么了？有那么严重吗？孩子都几岁了，以前那么艰难的日子都挺过来了，为什么现在有房有车有事业了，反倒过不下去了呢？"

原来，在孩子上学以后，整天闲在家的小丽无所事事便开始对老公疑神疑鬼。她既担心事业有成的哲军会变心看上别的女人；又担心现在年轻漂亮的小姑娘为了钱去勾引哲军。

于是，每天哲军一回家，她就不停地盘问他今天都去了什么地方，每一个细节都要一一道来。哲军脱下的衣服，小丽都要仔细地检查，看看有没有女人的长发或者闻闻有没有女人的香水味。哲军晚上在外应酬或者朋友聚会，小丽就会不停地给他打电话，催他早点儿回家，让客商和朋友不胜其烦。有时，小丽还不顾哲军的脸面，要求他在所在的地方，拍一张摆着她指定的姿势的照片发给她。小丽还经常往哲军的公司打电话，问他的手下他们的经理在做什么，和什么人在一起，男的还是女的。哲军终于忍无可忍，向小丽提出了离婚。

所以，猜疑是婚姻的大忌，不要随意猜忌对方。夫妻之间最重要的是信任。如果说信任是夫妻之间爱情的基础，那么猜疑便是爱情的蛀虫。小丽无端地猜忌和怀疑哲军，怕他对婚姻不忠，千方百计使用电话查岗、撒娇、质问等各种手段来套取老公的秘密，这对夫妻感情和家庭稳定都是有百害而无一利的，最终她也只能喝下这杯自酿的苦酒。因为在哲军看来，自己在外面辛苦打拼，自己的女人不但不理解自己，还无理取闹、无中生有地污蔑自己，让自己没有一刻轻松，他再也体会不到那个家曾经的温暖了。他太累了，不想再这样生活下去了。

猜疑是夫妻关系的大敌，是感情破裂的一大隐患。生活中遇到怀疑对方的事，不宜过早下结论，要客观、理智地去分析，才能够了解真相。在夫妻关系中，要相信自己的另一半是一个能够正确处理各种事务的人，是一个有着正常判断力的人，是一个懂得感情、懂得自尊、懂得自爱的人，是一个真正有独立人格的人。

夫妻之间的信任，需要双方的共同培植，从一些细节小事做起，加强双方的沟通和了解，从而打消对方的顾虑。

杰克夫妇是一对非常令人羡慕的夫妻，如今他们的婚姻已经走过了四十个年头，他们从没有因为感情问题而闹过矛盾。很多人都不解，为什么他们可以这么幸福，找到最对的那个人。原来，他们结婚后，就订了个约定：“互不盘问”。后来又加上了一条：“互不隐瞒”。这两条其实不矛盾。互不盘问，就是信任对方，不盘问对方的行踪；而互不隐瞒就是不必对方盘问，自己主动向爱人报告自己的行踪、想法，达到交流感情的目的。有了互不隐瞒就不必盘问，不盘问，双方之间就有了信任感和被尊重感，这些都有助于感情的融洽和家庭的和睦。

有一句谚语是这么说的：“长相知，才能不相疑；不相疑，才能长相知。”夫妻之间就应该多沟通、多交流。若一方有了猜疑时，先要让自己冷静下来，然后及时地将自己的疑问和真实想法告诉对方，通过交流来解决问题。当多一些坦诚，少一些无端的猜疑时，夫妻之间就能够做到知心了。

都说，婚姻就像手中的沙子，你攥得越紧，它漏得越快。所以，在婚姻中，请多一些信任，少一些猜疑吧！当你用信任这块基石作为你们婚姻和爱情的镇宅之宝时，无论什么妖魔鬼怪都动不了你们爱的小巢。你们的感情也会变得更加坚如磐石。

别让唠叨毁了你的婚姻

爱唠叨，是女人的天性。很多女人会认为自己唠叨是必要的，都是为老公好，让老公明白一些道理。正所谓“爱之深，责之切”，如果不是因为爱得深沉，何必多费口舌呢？不唠叨，男人们怎么知道要少抽烟、少喝酒；不唠叨，男人怎么知道要发愤图强，变得更上进、为家庭赚取更多的钱；不唠叨，男人怎么会意识到自己的缺点和不足，怎么会改变；不唠叨，男人怎么会明白自己有多么辛苦。

然而，有一份调查显示，男人讨厌女人做的事情当中，排名第一的就是“唠叨”，远高于排名第二的“不爱打扮”。明明自己的唠叨就是对丈夫的爱，对老公的重视、关心和鼓励，为什么男人非但不理解，还讨厌我们唠叨呢？但是女人们忘了，那只是你的一厢情愿。面对唠叨，他们总恨不得挖个地洞跑掉。由此可见，女人的唠叨是多么令人反感。更何况，男人们不会因为你的唠叨而有所改变或做得更好。相反，你的唠叨还会加剧他们的逆反心理，最终导致家庭矛盾不断升级。

莉莉大学毕业后，经人介绍，和马荣谈起了恋爱。一年后，他们便喜结连理。

马荣是出得厅堂，入得厨房。照理说，莉莉嫁给他，本应是过着幸福美满的生活。可是，自打结婚以后，莉莉的手中就拿起了一把无形的尺子，只要见到丈夫就必须要量一量。

丈夫洗衣服时，她就会在一旁说："你看看，这领子，这袖口，你连衣服都洗不干净，还能干什么？"

丈夫做好饭菜，给她盛好，她一边吃一边说："这菜怎么这么咸，让人怎么吃呀？再说盐不要钱是吗？"

丈夫在打扫卫生，她就说："你鼻子上面的那两只是眼睛吗，这块地这么脏，你都没看见吗？"

丈夫在打游戏，她更是牢骚满腹："你这个人整天就知道玩游戏，不好好想想怎么拿到更多的单子，怎么去创造更多的利润，要我是你老板，早就开了你。"诸如此类的"家庭噪声"不绝于耳。

刚开始，马荣都不吱声，因为他觉得可能是莉莉最近心情不好。没想到，马荣的让步并没有换来莉莉的收敛，她反而变得更加变本加厉。时间一久，他绷不住了就开始顶嘴："嫌我洗衣服不干净，那你自己洗""我做饭不好吃，那以后你来做，我还懒得做呢"。"我就偶尔玩一下游戏，怎么了，这也是适当的放松，我的工资是你的4倍，有本事你挣得比我多呀！"说完便摔门出去了。有时候，他也会大发雷霆，和她大吵一架，然后好几天两人谁也不搭理谁。

过了几天，两人和好了，但是莉莉仍然改不了自己唠叨的毛病，日子就这样在吵吵闹闹中过了几年。终于有一天，莉莉又在唠叨他碗洗得不干净时，他再也无法忍受，把所有的碗都摔在了地上，大声吼道："你烦不烦，看我不顺眼，干脆离婚算了，看谁顺眼跟谁过去。”

莉莉万万没有想到马荣会提到“离婚”两个字，她顿时泪如雨下：“我说你，还不是为了你好？换了别人我还懒得说呢！要离婚，好，现在就离！”

后来，莉莉在朋友的劝说下，明白了一个道理，那就是自己对丈夫不能太苛刻了。其实，衣服有一件两件洗不干净是常有的事；丈夫不是大厨，偶尔盐放多放少更是小事一件；家务活谁都可能出点纰漏；一个人偶尔说错一两句话也是在所难免。而自己不停地唠叨，把这些常人都有的小毛病加以无限的放大，还养成了习惯。正是因为她对丈夫的唠叨、挑剔，才使得丈夫与自己的关系越来越疏远。

一个唠叨的女人，会让任何一个男人退避三舍。试想，当疲惫的丈夫回到家里，他最需要的是一个温馨、舒适的港湾，有一个嘘寒问暖的妻子，而不是一个只知道唠叨的长舌妇。

我想，读过鲁迅《祝福》的人，都会记住祥林嫂；看过《大话西游》的人，都会记得唐僧；有多年驾龄的司机，都会记得那个坐在副驾驶教你小心这小心那的家伙……对于祥林嫂，大家最终对她的态度是麻木；对于碎碎念的唐僧，曾被受不了他啰唆的孙猴子打死了；对于那个坐在副驾驶里的家伙，你很想直接就把他扔出车外。

没有哪个男人会欣赏唠叨不止的女人，就像上面的这些人物一样。唠叨会让一个女人变得不再可爱，唠叨会让一个女人只想着自己要说的话，唠叨会让一个女人不再用心去倾听，唠叨会让一个女人只知道抱怨。

曾有人说过这么一句话：“一个男性的婚姻生活是否幸福和他妻子

的脾气性格息息相关。如果她脾气急躁又唠叨，还没完没了地挑剔，那么即便她拥有普天之下的其他美德也都等于零。”所以，我们的唠叨是徒劳的，它解决不了任何问题，也给不了男人幸福，相反，它会消磨掉老公的进取心和耐心，最终让爱情逐渐枯竭，让婚姻走向灭亡。

很高兴，我们已经及时认识到了唠叨的危害性。那么，我们应该如何改掉唠叨的习惯呢？

1.让家人能参与到监督中来

很多女人都意识不到自己唠叨这个问题，这就需要家人的帮忙。一旦我们出现唠叨的情况，就要让他们指出我们的问题，从而便于我们及时地予以纠正。

2.不要重复说过的话

很多时候，我们已经说过了某些话，就不要重复不断地说了，因为你说再多也没有任何意义，事情就是这样了。再则你说多了，反而会引起另一半的反感。

3.三思而后行

开口之前，先想一想，自己说的这些话是不是又是唠叨，如果是，请及时制止自己。懂得三思而后行，开口之前先过几遍脑子。

4.试着换一种说话方式

唠叨的时候，我们往往带有一种负面的情绪在说话，这种方式会让很多人所不能接受或不易于接受，试着换一种积极的说话方式，用鼓励的、正能量的话语去说，如此会更容易让人接受。

唠叨是爱情的坟墓，不要以爱之名去唠叨，学着不断改变自己，相信不久的将来，你会感觉自己越来越开心，越来越可爱，越来越年轻，因为那时的你已经将唠叨彻底从心底拔除了。

闭上嘴巴，做丈夫最忠实的倾听者

夫妻之间需要沟通，但是更需要倾听。其实，倾听也是沟通的一种。不论是夫妻之间还是朋友之间，一个善于倾听的人会被视为懂得尊重、有修养的人。

有人说：“倾听是这个世上最美的动作。”其实每个人的内心深处都有一种渴望得到别人的尊重、认可的愿望。而有一个忠实的倾听者给他带来的远不止认可和关爱，更多的是理解和赞同。证明你是站在他的立场上，和他一样有着共鸣的感受，这是一种很棒的体验。

男人们在外辛苦打拼，肯定会遇到各种各样的问题和烦恼，这时他们回到家中，通常需要的不是妻子的建议和安慰，而只需妻子做自己忠实的倾听者即可，发自内心地听他们的倾诉，这就足够了。

试想一下，当你遇到一些困扰的事情，急需找人倾诉时，坐在你对面的人，不但没用心听你说话，还不停地跟你说一堆废话。你一定会觉得非常郁闷。因为你一吐为快的感觉没有得到满足，你只需要一个忠实的、纯粹的倾听者，在重新梳理了一遍思路以后，你可能就找到了一个最佳的解决方案或你的情绪得到纾解以后自然而然就没事了。

我想很多人在生活中肯定遇到过以下这种类似的场面。

有一天，袁力急匆匆地跑回家，刚开门便上气不接下气地对妻子吕晶兴奋地大喊：“亲爱的，我今天真是太高兴了，今天的天气也特别好，让我们一起来庆祝吧！这是一个令人激动的日子。你知道吗？今天董事会叫我过去汇报工作，就是关于新产品的研发最新状况的。他们让我提出我自己的意见……”

此时，妻子吕晶心不在焉地听着，显然她正在为别的事烦恼，她说：“哦，真不错。亲爱的，你要来块酱牛肉吗？今天早上我做饭的时候发现下水道堵了，可能是有什么东西掉下去给塞住了。吃完饭后，你去检查一下，好吗？”

“亲爱的，你听我说，我刚才是说，董事会已经开始注意我了，他们在听我的意见。我当时其实非常紧张，汇报的时候我感觉我的腿都在不停地发抖。特别是我在说我自己对研发的看法时，我激动得热血沸腾，不过，一切都还好。董事长说，我的意见很好，他觉得……”

吕晶再一次打断袁力说：“不，我不认为他们了解你，他们根本不了解你，也不重视你。还有，你儿子的老师打电话来说，他让你找个时间去和她谈一下，这学期，你儿子的表现非常差，而且还经常惹是生非，不遵守学校纪律，我对他感到非常失望。”

这时，袁力的热情已经消了一大半了，他感觉妻子和自己完全不在一个频道上，颇有点儿对牛弹琴的感觉。于是，他也懒得说啥了，默默地打开电视，然后开始不停地换频道。当然，他知道吃完晚饭以后，他还得把下水道通了，还要解决儿子的问题。

吕晶和袁力都希望对方是自己的忠实倾听者，因为他们都急于想把自己的喜悦或麻烦分享给对方，结果却适得其反。如果在袁力兴奋地告之妻子自己的风光时，吕晶能认真地倾听，并适时地给予回应“哇，是吗？这真是太棒了，老公你好厉害，我就知道你是最有能力的人，你的努力迟早会被老板看到”，袁力一定会觉得自己是这个世上最幸福的男人：事业上有领导的赏识，生活中有一个在背后不断支持着他的忠实的倾听者。等彻底聊完袁力的事情之后，吕晶再说出自己的困扰：下水道和儿子的事，那么袁力一定也会十分愿意听妻子的倾诉，并高兴地为妻子处理好这两件事情。

生活中有很多像吕晶这样的妻子，所以才有越来越多的男人渴望有一个“红颜知己”，因为在情人面前，他们可以畅所欲言，之后便能获得来自这个忠实的倾听者——情人的或是崇拜的眼神，或是温暖的拥抱，抑或是安慰的话语。别再抱怨别的女人勾走了你的老公，是你的不耐烦把老公推了出去。

所以，从今天开始，闭上你的嘴巴，做一个善于倾听的妻子吧！我们可以想象一下，一个温柔的女性正在认真地听别人的倾诉，不时地提出一些问题，而她所提出的问题，只是让对方知道，她已经听懂自己所说的每句话，这样善解人意的女人不受欢迎才怪。这种女人无论男人还是女人，都会喜欢她的。

那么，妻子们应该如何学会做一个忠实的倾听者呢？

1.用心去倾听对方的话

上天给我们每个人一张嘴巴两个耳朵，就是要我们能少说多听，而且要用心地听，要集中精神去听。这是对方对你信任的表现。如果一个人在讲话时，发现听的人面无表情，他就没有说下去的欲望了。只有表现出你对对方谈话的兴趣时，你才能成为他眼中最好的倾听者。

倾听时，你也可以用你的身体语言来表现你在认真倾听对方的话，比如，身体稍稍自然前倾，眼睛要注视着对方，面部表情要随着对方的谈话内容而发生相应的变化。比如，时而皱皱眉，时而露出亲切的微笑。

2.倾听需要耐心

在倾听对方的倾诉时，请给他一定的时间。对方想跟你倾诉，说明他很希望你能了解他的感受，请给他一些时间让他慢慢表达，让他的情感得到慢慢释放。如果你只是表现出一副不耐烦的姿态，估计下次他就再也不会找你倾诉，对你说真心话了。

3.等对方讲述完了以后再发表自己的想法

当别人在跟你倾诉的时候，你最好不要胡乱插话或提建议或噼里啪啦讲个不停，最好等到他把事情讲完以后，你再把你心中的疑惑向对方进行确认，从而可以让你更全面地了解整件事情的来龙去脉，在对方需要你的建议时，你才会有更完美的解决方案供他参考。

4. 保守秘密

有些男人不喜欢同自己的妻子交谈，是因为他们觉得自己的妻子不能为他们保守秘密，他们的妻子可能在第二天就把他说的每件事都宣扬出去，她们会随时把自己丈夫工作上的事情说给她们的朋友听，所以，他们从来不和妻子谈自己的工作。有的妻子甚至把丈夫对她说的话作为日后争吵中的攻击武器，这更是不明智之举。

男人和你倾诉，肯定是认为你是最安全的，可以毫无顾忌地和你诉说他对别人的不满、嫉妒和羡慕，所以你要对得起这份信任。

对于有心的倾听者而言，她们会将倾听和学习捆绑在一起，在倾听他人的同时，感受别人，最终让自己得到成长。比如，老公在说某一件事情的时候，他可能会表现出来对某些做法或行为习惯的不满，这时在夫妻相处中，你应该尽量避免这些做法和行为习惯，如此你们的婚姻才会越来越美满。

会“示弱”的女人最好命

都说：“撒娇的女人惹人疼”“撒娇的女人最好命”“男人都喜欢爱撒娇的女人”。谁说不是呢？撒娇的女人噘起小嘴，跺着小脚，媚笑中带着羞赧，水汪汪的眼睛眨巴眨巴，粉嫩的脸上梨花带雨，举手投足间的那份温柔，还有眼角眉梢流露出的那份柔情，即使再彪悍、心肠再硬的铮铮汉子也会为女人“撒娇”怦然心动而折腰，从而生出千般爱怜、百般柔情。

为什么90%的男人都喜欢女人撒娇呢？其实，在男人的潜意识里，他们觉得女人是需要保护的。会撒娇的女人能够激起男人们的保护欲，从而使他们感觉到自己的强大。与此同时，撒娇还能满足男人虚荣心。一旦女人对自己撒娇就意味着在这个女人心目中，自己是可以被依靠的。这种被需要感，会让他们的内心得到极大的满足。而且会撒娇的女人通常都不太强势，比较温柔可人，还会透露出一点点性感，因为她们的语气轻柔，充满着娇柔的性感诱惑。撒娇的女人是因为爱而撒娇，她们只会对自己心爱的男人，做出爱的撒娇。这就让男人领略到被爱的自我价值而获得高度的心理满足，从而使夫妻间的亲密升华到一个更高的层次。

小爱是朋友圈中公认的撒娇女王。有一次，她和一帮女友聚会，说说笑笑，不知不觉就晚了。

于是，小爱就给老公打电话：“亲爱的，现在外面好黑呀，我害怕，你来接我，好不好?”娇滴滴的声音，听得一众女友齐齐发出嘘声：“哎哟，都多少年的夫妻了，你还能再肉麻一点儿吗？”

没过多久，小爱的老公就来接她了，还给她带来了外套和围巾，一边细心地替她穿好围好，一边爱怜地叨叨：“这都多大的人了，还一点儿都不知道照顾自己，今天外面的风多大啊，回头冻感冒了怎么办?我也总不能天天跟在你后头看着你吧……”

听着老公的唠叨，她紧紧地依偎在老公身上，娇嗔地说：“讨厌，每天就知道叨叨我，人家出来的时候太着急了，忘记了嘛，你又不是不知道我比较健忘，没有你在，我还真不知道该怎么照顾好自己呢……”

老公无奈地捏了一下她的小鼻子：“你呀，真拿你没办法！”

在和朋友们道别时，朋友们看到小爱老公满脸的得意。

撒娇还有一个好处是可以轻松化解夫妻之间的矛盾和争端。同处一个屋檐下过日子，舌头和牙齿难免会打架。小别扭也好，争吵也罢，都会让夫妻双方的心里不好受。这时，聪明的女人就会态度一变，用撒娇的方式来扭转这个沉闷的局势。

刚好放五一小长假，张莱兴高采烈地叫上自己的闺蜜去逛街，因为正值节假日，新款的衣服和包包都在打折，看到之前心仪已久的宝贝们终于降价了，激动不已的她一下子买了好多。

加班忙了一天的丈夫回来后，看见张莱堆在客厅这么多的大包小包，不由得心生怒火，指责她乱花钱，太不懂得节约。这时如果张莱两眼一瞪，立刻回嘴：“我花的是我自己的钱，又不是你的！”可以想见，接下来一场家庭大战肯定无法避免了。不过，聪明的张莱才不会这样做呢，她表现出一副很委屈的样子，眼泪在眼眶里打转，嘟着小嘴嗲声道：“你干吗这么凶，我知道你赚钱辛苦，可是，好多衣服我都看上好久了，就是因为没打折，所以一直舍不得买，这次好不容易碰到活动力度挺大的就买了，我也是希望自己打扮得漂亮一点儿，你看了心情也会好一点儿嘛！”

丈夫听到张莱的话，又看到她那副小可怜样儿，心肠一下子就软了，直怪自己太凶了，他默默地把张莱搂进怀里，一边心疼地摸着她的小脸，一边轻声道歉：“亲爱的，别哭了好吗？我不是故意的，都是我不好。”张莱听了破涕而笑：“我就知道，你对我是最好的。”然后，在丈夫的脸上狠狠地亲了一口。一场矛盾就这样轻松化解了。

谁都不希望自己的婚姻是“三天一小吵，五天一大吵”。在婚姻出现问题、摩擦时，正面的冲突一定不是明智之举。因为那样只会让双方的矛盾不断升级，最终让家庭处于水深火热之中。

聪明的妻子懂得撒娇的好处，深谙撒娇的技巧。在遇到家庭争端时，她会柔若无骨地往丈夫身上一靠，噘着小嘴说：“人家是女人嘛，你就不能让让我吗？再说我还比你小好几岁呢，你得懂得‘爱幼’噢。”男人听到这句话，自然就会将刚才的不愉快抛到九霄云外了。

然而，在现实生活中，爱撒娇的女人很多，但会撒娇的女人很少。尖酸刻薄、故弄玄虚、小题大做、搬弄是非，这些都不是撒娇，而是撒野，会让丈夫敬而远之。

但是女人撒娇要注意一定的方式方法，要分情况，把握好尺度，不然就容易产生弄巧成拙、适得其反的效果。

所以，想要让自己成为会撒娇的女人要注意以下几个问题。

1.要分清场合撒娇

撒娇，本是两个人私底下的小情趣，所以在一些公众场合，如客户聚会、公司年会等或是在公公婆婆面前就要避免这种事情的发生，一是怕会让大家都尴尬，二是不分场合的撒娇有损专业形象，同时也会让人觉得你不懂事、不识大体。

2.要选择恰当的时机撒娇

当老公的心情极度不好、脾气暴躁时，最好不要去轻易招惹他，更不要对着他大肆撒娇，因为他正处于即将爆发的边缘，你的任何一个小举动都可能会是导火索。

此时的你最好离他远远的，不要打扰他。等他自动修复好了自己的情绪以后再说。

3.要有节制地撒娇

正所谓“物极必反”，撒娇过了度也就失去了它的效果。其实对男人撒娇，无非想让他用行动或言语来重视自己，如果他已经有所表示，那你应该见好就收。如果不知进退的话，只会令男人认为你难服侍，久而久之可能会对你的撒娇无动于衷，甚至反感。所以，最有效的撒娇就是懂得收放自如，这样的撒娇才可能得到最大的回报。

4.要懂得适时地表示感谢

我们撒娇的目的就是希望夫妻恩爱，婚姻幸福，因而要适时地表现一下你的感谢。会撒娇的女人在男人眼中是最有味道的。那种恰到好处的撒娇会让男人觉得怎么爱你都不够，你的笑容对他来说就是最大的满足。

爱需要理解和包容

有婚姻专家指出：“在所有婚姻中，不幸婚姻占58%，而破坏它的魔鬼是非难、责怪。”

金无足赤，人无完人。生活已是不易，面对爱人的坏习惯、疏失，我们更应该少一些埋怨和指责，多一些理解和宽容。这样，婚姻生活才会避免摩擦和矛盾，才会充满温馨与和谐。

小刚和戴倩结婚多年，但是二人的感情一直都不好。小刚比较小家子气，也不是一个能担当的人，凡事还挑三拣四，专挑戴倩的刺。戴倩虽然是一个特别能干的人，但是她非常强势，经常是得理不饶人。

其实，刚开始的时候两人的关系并没有那么僵。小刚在工作上遇到困难，感到压力很大，心情烦闷的时候，总会在第一时间打电话向妻子戴倩倾诉。一次两次还好，时间长了，戴倩便不愿意听了，她对小刚说：“我一个人要带孩子还要工作，忙都忙死了。你有压力，我感觉我的压力比你的还要大，你还总和我发牢骚，你烦不烦啊？还是不是个男人，一点儿担当都没有。”没有得到戴倩的理解和安慰，小刚便再也不愿意跟她沟通和诉说了，不管是好事还是坏事，他都闷在心里。

为了报复戴倩的不理解，他也不再过问妻子的事，甚至家里发生的事，他都漠不关心。他们之间没有了包容，彼此较劲，互不相让，到最后发展为冷战。

小刚终于不堪忍受这样的生活，有了外遇。在第一次出轨后，他想到戴倩的不容易，想到可爱的儿子，心里充满了自责和不舍，于是他回到家，想着要和妻子儿子好好过日子。可是，戴倩对他已经失去了信任，对他丧失了信心。

在工作中，戴倩也遇到了令她心动的男人，但快乐的时候总是短暂的，很快便结束了。她想好好挽回快要破碎的家庭，想回到丈夫身边，但这时小刚的心已不在她和儿子身上了。

争过、吵过、闹过到互相不理睬，他们觉得这个婚姻没有再存续下去的必要了，终于他们选择了离婚。

戴倩的较劲，小刚的不认同，让他们之间失去了理解和包容，抹杀了爱。都说：“家是讲爱的地方，不是讲理的地方。”每个人都有不同的生活方式和习惯，每个人的认识也各不相同，所以相互之间的矛盾和摩擦是必不可少的。这时，理解和包容就显得尤为重要了。

生活不可能时时刻刻都充满激情，再轰轰烈烈的爱情到最后都是要归于平淡的。当所有的激情退却后，你会发现，与你结婚的那个人不再是你曾经很爱的那个他，他的缺点完全暴露在你的面前，婚姻也和你想象中的样子完全不一样，于是，你开始怀疑爱情，怀疑婚姻。但你遗漏了很重要的一点夫妻之间的相处之道，那便是理解和包容。心理学家韦恩·奥茨说：“婚姻是彼此担当的爱的承诺，是由悔改和宽恕构筑的二人世界。”

有些人结婚以后，依旧像单身时那样我行我素，凡事考虑问题都是从自身出发，从来不替对方考虑，也不会考虑对方的感受或意见，以自我为中心，如此必然会引发经常争吵。还有一些新婚夫妻，只知道一味地索取，而不想付出，用自己的一套严苛的标准让对方去执行，想以此来改变对方、塑造对方。殊不知，每个人的习惯、性格养成都不是一朝一夕的事情，改变也同样如此。爱情其实很脆弱，经不起一次次的打击和消磨。

“十年修得同船渡，百年修得同枕眠。”如此辛苦得来的婚姻，当然要精心加以呵护，时刻提醒自己：多些宽容，多点谅解和体贴；放大对方优点，缩小对方的缺点；不要什么事都斤斤计较，毕竟爱情不是买卖；小吵怡情，大吵伤身，吵架不过夜；永远不说伤感情的话，等等。当我们用心去爱对方，懂得求同存异，理解和尊重对方，如此才能让我们的婚姻走得更远。

培养自己的高效沟通力

第三者插足、家庭暴力、性无能这些婚姻之刺无疑是婚姻永远的痛，但值得注意的是，有一项婚姻调查显示，现代婚姻的最大杀手不是第三者、家庭暴力或生理问题，而是无法与对方沟通。而无法达到高效沟通的结果就是导致第三者插足、家庭暴力、夫妻间性无能情况的高发。可以说，没有沟通的爱情，善始容易善终难。

前面我们已经讲了太多关于沟通在婚姻中的重要性了，所以这里我们将不再赘述。那么我们应该如何培养自己的高效沟通力来让自己的婚姻达到一个理想的沟通效果呢？试着从下面几点开始做起吧！

1.沟通时，倾听比说更重要

在沟通时，许多人往往急于表达自己的意见，忽视了别人在说什么而各说各的，这必然会使沟通效果大打折扣。倾听是指站在对方的立场上，用心去了解对方所表达的意思。不只包含对方说了什么，还要理解对方话语里蕴含的意义。然后，要懂得适时地给予对方简短的反应，如“哦，原来如此……”“是……”等，让对方知道你在听，这也会让对方感受你在尊重他。

2.接纳对方的情绪，并感谢他的分享

当另一半在和你沟通时，你不要急着辩驳或去指正，要试着无条件地接受对方的情绪，并承认对方的感受，比如，你可以说：“看得出来，你现在很难受，我知道”“那真是太令人生气了”“是吗？正如你说的，我可能当时没注意到你的感受，对不起”等。如此，在听完他的叙述后，他才会拆掉自己的防卫墙，逐渐接纳你，从而听进去你的声音。

最后，对另一半的沟通表达感谢，比如，“谢谢你，老公，这么信任我，愿意告诉我你真实的想法”，这样一方面是表达了对他的尊重，另一

方面还鼓励对方继续信任你，下次再与你进行有效沟通。

3. 摆正自己的定位，只是顾问，不当领导

在沟通的过程中，很多人喜欢用“你不准这样……”“你难道不能……”“你应该……”这样的句式来开头，但是这很容易引起对方的反感，夫妻双方是平等的，如果你这样说无异于是一种领导的口吻在教训下属。

所以，在沟通中请多用“我觉得……”“我建议……”的句式。比如，“我很难过，因为我原本以为我们早就约好今天要一起吃饭的”就会比“你每次都说要忙公司的事情，到底是公事重要还是我重要”让对方更清楚地了解你的感受，而不是遭受批评而已。

4.懂得运用澄清语意沟通法

学习在沟通过程中给对方反馈，将你所听到的告诉他“你的意思是……”“你是说……吗”可避免因听错而产生不必要的误会。比如，“我的意思不是想管东管西，限制你的行为，不让你抽烟。我的意思是，我有些担心，它会对你的身体造成伤害。”

5.沟通要做到表里如一

沟通时，要做到你的想法和表达相一致。这样不但可以让你不必戴着面具示人，照顾到你的内在需求，而且还能让对方知道你的真实想法，从而能够顾及你的感受。

6.沟通要具体化

沟通时，尽可能把自己的感受与期待清晰明确地表达出来，简单、具

体、明确地能让对方抓住你要表达的重点。

有时候，如果你不能明确的告知你的配偶，而是让他不断地去猜，那是不能有效达到沟通的效果的：一来，他不可能每次都猜中你的心思；二来，他猜不出来，你难免会更加生气。如此得不偿失，不如直截了当地告知对方你的需求和感受。

7.不纠结是非对错

沟通的目的在于交换信息以解决问题，从而增进相互之间的了解或促进关系。如果在沟通时，双方都把注意力放在谁是谁非上，那么沟通就会演变成争吵。切记，沟通时要就事论事、对事不对人，不要纠结于无谓的是非对错。

当你开始尝试着去做以上的这几点内容时，你会发现你们的爱情会变得越来越浪漫，越来越甜蜜。

第四章

赞美老公，遇见更懂得欣赏的自己

婚姻中，可以没有爱，但不能没有欣赏和赞美。爱不是婚姻的全部，欣赏和赞美却能创造爱，让你的婚姻幸福美满、日久弥新，让你的男人更加成功。

女人们，请记住一点：幸福的婚姻不仅要有面包和牛奶，还需要有诗和远方，更需要有欣赏和赞美。

婚姻最忌讳拿来攀比

很多女人都喜欢攀比，无论是外貌、学历、装扮，还是婚姻、家庭和孩子，但凡能“攀比”的都会拿出来和人家比一比。其实，这说明在女人的骨子里，多多少少都会有那么一点儿虚荣心，她们希望自己是最幸福、最闪耀、最引人注意的。

然而，凡事都得有个度。一个人一旦热衷于攀比，那么她就等于把幸福、轻松、简单、快乐拒之门外了。或许你会说：“怎么可能？每次看到人家老公不如我的老公优秀的时候或是她们事事都不如我好的时候，我的内心都会涌现出一种快感。”但是，试问一下，在短暂的开心过后呢？你是不是又得继续去搜罗下一个攀比对象继续攀比，再让自己开心一回？请问这样做的意义何在？在没有攀比的时候，你是否也会感到空虚寂寞而无所事事。

俗话说得好：“人比人，气死人。”山外有山，人外有人，你不可能比得过所有人。一旦遇上你攀比不过的，你可能会变得不爽，乱发脾气，抑或是采取什么极端的做法来压倒对方？这时，请你走到镜子前好好看一看自己：“这还是原来的我吗？我的心理是否已经扭曲了？”

有人说："当攀比渗进你的骨髓时，那么你就成了它的奴隶，你只是为了它而活。而你身边的人也会因为你的疯狂而备受折磨，压力倍增。"要知道，生活的累，一半源于生存，一半来自攀比。当你的婚姻中充斥着这些内容时，它迟早有一天会不堪重负而被瓦解的。

王涛34岁才结了婚。妻子是医院的护士，工作还算稳定。但是王涛的工作需要他经常出差，对此，新婚妻子对他开始产生了不满。一年后，妻子怀孕了，王涛便向公司申请减少了出差的次数，尽量多一些时间回家给老婆做饭、洗衣服，以弥补之前他对家庭付出不多的愧疚。

然而，随着相处时间的增多，两个人的感情却没有越变越好。可能是怀孕比较辛苦，妻子的脾气变得越来越差，动不动就发火。王涛理解妻子的不易对她也是诸多忍让，把家里的事情安排得妥妥当当。可是，妻子还是不满意。

直到有一天，妻子发现王涛在看手机小说，不由分说一把夺过他的手机摔了个粉碎："你就知道玩手机！你看你一个大男人就挣那么点儿工资，够谁花？你看看我们医院的主任，比你能耐多了，挣的钱比你多几十倍，人家还经常给老婆买名牌包包，给老婆送惊喜，带老婆出国去玩。你呢？看你之前老出差，也没见着家里的钱多了多少，整天不想着好好赚钱，只知道窝在家里刷碗、扫地，你到底想怎么样呀？"王涛无奈，只好默默地捡起破碎的手机，对妻子说："以后我不看了，行吗？我好好赚钱养家。"

有一次，王涛的母亲在家帮忙带孩子。但是王涛的妻子当着他母亲的面就说："你儿子是我见过的挣钱最少的男人，我们医院的医生都可能挣钱了，买了好多套房子，车子都有好多辆。我当初真是瞎了眼，看上你儿子。”

王涛觉得自己虽然挣钱少，但都把钱给了妻子，而妻子只知道一味地攀比，完全不考虑自身的条件，这次又当着自己母亲的面羞辱自己，他真的被彻底激怒了：“你想离婚？可以呀，离呗！你们主任那么好，你的同事那么好，你找人家去呀，干吗还找我呀？”说完，他就摔门出去了。没过几天，妻子就收到了离婚协议书。

其实，王涛的妻子是幸福的，她有一个爱她的老公，肯为她做家务的老公，只是她身在福中不知福。她的眼里只有攀比，只有钱财，只有别人的幸福，到头来连爱他的老公也走了。

诚然，看着别人开着豪车，住着洋房，月入好几十万元，家里有保姆伺候，老公疼着爱着，谁不想拥有这样的生活。可是看看自己住着租来的房子，得看房东的脸色，生活有时还捉襟见肘，男人没出息，孩子不争气，这心里能舒服得了吗？

古语有云：“世上本无事，庸人自扰之。”人的烦恼，多数并非缺少什么而不满足，而是因为“别人比自己好”的不平衡心理在捣乱。其实，美满的婚姻并非一定与金钱有关，但不美满的婚姻一定与攀比有关。

从前，河边住着一对恩爱的夫妻。男人是渔夫，每天都会到河里打鱼；女人则在家做做家务，带带孩子。虽然日子过得比较清贫，但是两个人都觉得很幸福。渔夫打完鱼回来，家里就已经做好了热腾腾的饭菜。吃完晚饭，渔夫会陪着女人聊聊今天发生在外面的事情，陪孩子玩会儿游戏，一家人过得其乐融融。

有一天，女人的妹妹从国外回来了。她嫁了一个非常有钱的外国人，她的老公很宠她，简直就把她当女神一样供着，每个月给她好几万元的零花钱，还什么事儿都不让她干，而且她全身上下都是名牌。女人的妹妹高兴地讲述着自己的美好生活。这让女人的心里起了涟漪。妹妹虽然就比自己小两岁，但是她保养得很好，看着就像是比自己年轻了十几岁。自己虽然也不用出去干活，也有爱自己的老公，但是看着自己清贫的日子，她觉得太不公平了。

那天，男人打鱼回来，发现老婆有点儿闷闷不乐还没做饭，就问她是不是身体不舒服。结果女人没好气地说："我怎么就嫁给你了呢？过这种苦日子，你看看小妹，人家的那种生活才是真正的生活。"

男人语重心长地说："我知道我不能给你像小妹那样的富贵生活，但是我也在不断努力，想让你过上好日子。只要我们齐心，相信我们会越过越好的。"女人听完男人的话感到羞愧不已，是呀，自己已经拥有了那么爱自己的老公和可爱的孩子，还有什么不知足的，再华丽的衣服，再名贵的首饰，也抵不上真正发自内心的幸福，那才是幸福的真谛。什么攀比呀，让它见鬼去吧！想开了，女人的心情也随之好了起来。

于是，男人和女人又过起了自己的小日子。经过男人不断的努力，十年后，男人有了自己的水产公司。

很多人的优越生活都是通过夫妻二人的共同奋斗得来的，在看到别人开好车、住好房、享受优渥的生活的时候，不要只去羡慕别人的生活，而不去想想别人为此所经历过的痛苦和磨难。

所以，千万不要把攀比当回事儿，因为它真的于你个人、你的爱人和你的婚姻没有任何意义，除了自我折磨以外，并不会产生任何积极的结果。你的生活也不会因为攀比而变得更加美好，相反，攀比只会加剧你的自卑感和虚荣心，让你活在无边的深渊中。

爱攀比的女人们，醒醒吧！与其事事攀比，让自己和家人不得安宁，还不如把眼光放低一点儿，走自己的路，那样的你必定能多一份快乐，多一份满足。请时刻记住：不必羡慕他人手中的玫瑰，因为你也有一朵百合。

你的仰慕更易造就男人的成功

每个人都喜欢被人崇拜、被人仰慕的感觉，男人更是如此。

他们从内心深处希望得到女人的崇拜、仰慕。这种崇拜、仰慕是他在乎的人发自内心地对他人格和品行的认可和崇拜，而不是表面的阿谀奉承。

别看男人的外表那么强壮，其实他们的内心是很脆弱、很柔软的。在遇到困难和问题时，他们的抗压性完全没有女人强。所以，对于男人而言，他们是一种急需自信的动物。他们的爱是以自信为基础的，他觉得自己足够强大，才能保护自己的配偶、供养整个家庭。

对于一个男人来说，最幸运的是能遇到一个懂得仰慕自己的妻子。男人渴望得到她们的鼓励、认可、欣赏和仰慕，如此才会更加坚定地认可自己的能力。要知道，这是对他的一种莫大的精神鼓励，从而能不断地激发他的潜能和斗志，让自己不论在事业上还是生活上都变得越来越优秀，做得越来越好，直至走向成功。

李冉想研究生毕业以后可以找到一家理想的公司一展自己的宏图抱负。实习的单位是国内研究此类项目的顶尖单位，是事业单位，还能帮助解决户口，导师说要进这家单位非常困难，但是他的专业成绩都非常优异，而且能力也很好，有自己的独立想法，是在这一批实习生中被留用的第一人选。李冉非常高兴，感觉成功的大门已然在慢慢向他开启，同学们也非常为他感到高兴。

然而，世事难料，李冉的名额被别人通过关系给顶了。本来就自卑的他因此消沉了好一段时间，找了一份一般的工作不温不火地干着。

李冉也到了适婚年龄，经人介绍，他认识了生命中的知音，一个开朗且超级崇拜他的女人可心。很快，他们就谈恋爱了。可心觉得李冉太厉害了，居然什么都知道，懂得那么多。有一次，李冉给可心做了一碗西红柿鸡蛋面，这是他唯一会做的食物。可心居然吃了满满的一大碗，而且连连称赞："天哪，这么普通的一碗面，你居然做得这么好吃？太厉害了吧，你绝对有厨师的天分。"李冉不自信地回答："没有，没有。"可心说："是真的，真的特别好吃。下次我还想吃呢！""真有这么好吃吗？"李冉将信将疑道。"嗯！超级无敌棒！"可心竖起了两个大拇指。

后来，李冉和可心结婚了。李冉也发现自己无论做什么菜，可心都喜欢吃，他开始相信可心的话了，自己可能真的有做菜的天赋。有时候家里来客人，李冉一个人就搞定了一大桌子的菜。李冉觉得自己的自信心又慢慢回来了。

不仅如此，他在事业上也开始有了新的突破。他毅然决然地辞去了原来那个旱涝保收的大锅饭企业，而选择了一家创业公司。刚开始进入公司时，他觉得身边的同事随便拎起来一个都是大牛人。但他没有因此被吓倒，反而觉得这是一个难得的机遇。在新公司，他发挥出了自己的特长，而且他也在不断地向身边优秀的人学习。在一次新产品的研发上，他用自己独特的思路，解决了一直以来困扰公司技术指标的一个大难题。领导也越来越器重他，不久他就被提拔为一个项目组的组长。

李冉觉得自己的事业在不断地上台阶，妻子可心功不可没。要是没有她不断地崇拜自己，让他有了自信，他可能还在原来的那家公司里做一个小工程师一直到退休。

当妻子可心崇拜自己的老公李冉并以他为荣时，李冉的不自信被被人崇拜的满足感和被人认可的成就感所替代，从而让他有勇气去迎接新的挑战，成就更高的自己。

然而，在现实生活中，很多女人在谈论自己的老公时，不是抱怨就是吐槽：

“哎，我这辈子是完了，当初怎么就瞎了眼看上了他，一没上进心，二不知道挣钱，就知道天天窝在家里，就是一个窝囊废。”

“你那老公还好啦，还知道回家，像我们家那位天天连个人影儿都见不着，就知道在外面花天酒地。一回来，我就训他，结果我没说两句，他就黑着脸又跑出去了。”

现如今，很多家庭都处在一个女强男弱的状态。虽为夫妻，但是很多妻子都看不起自己的丈夫。在婚姻中，丈夫被妻子长期压制，指手画脚，呼来喝去。生活中，丈夫一点事情没做好或没有达到妻子的要求，妻子就会对他大声呵斥，完全不顾及丈夫的脸面；事业上，丈夫暂时没有任何进展，妻子们就说自己的丈夫没用，从不知道努力奋斗。

其实，每个男人都有很强的自尊心，都是要面子的，从他们的内心深处来说，他们都渴望能变成一个成功的人，希望能给自己的女人幸福。但是，很多时候女人们从来都只会俯视他们，打压他们，把他们仅有的一点点自信也践踏得粉碎。都说，每个成功的男人背后有一个懂得欣赏他、崇拜他、支持他的好女人。如果男人不成功，那么女人在指责男人的同时是不是也该反思一下自己的问题呢？

亦珊出生在一个富裕的家庭，大学毕业以后，家里就给她安排了一份事业单位的工作。家里人想着她也到了适婚年龄，就给她介绍了很多不错的小伙子，但是亦珊眼光有点高，一个也没看上。时间一年一年地过去了，转眼，亦珊都三十岁了。这时，她发现身边的好朋友一个个都结婚了，她开始有些慌了，怕自己嫁不出去。

恰好此时，文午闯进了她的世界。文午是亦珊曾经那么多追求者中条件最差的，但他是坚持时间最长的。如果是二十几岁时，文午作为相亲对象，亦珊根本连见都不会见。最终在大家的撮合下，二人步入了婚姻。

亦珊之所以同意嫁给文午，也是看他老实本分，不会在外面乱来，虽然他的家境不太好，但是他的工资在同龄人中也还可以，她估计以他的能力肯定以后的收入会越来越高。然而，一起相处以后，亦珊才发现文午就是个大傻瓜。虽然他不停地在出差，出差，出差，工资不见长不说，自己还不断地往里贴钱。这让想过上小资生活的亦珊很是不解。为了他工作上的事情她和他吵了无数遍，她总是数落他：“你已经是有家室的人了，我以前觉得你赚钱赚得多，将来可以指着你过上更好的日子，结果没想到，结婚以后你直接就拉低了我的生活品质。谁像你呀，人家上班都是挣钱，你却是往里搭钱，就为得到一句领导的称赞。公司又不是你的，你凭什么呀？再说了，你吃我的，住我的，你剩下的四分之一工资就够还房贷的。还得靠女人的钱来养家，你是不是男人呀？”

文午默默地坐在角落里，没有回嘴。其实，他也知道，从一开始亦珊就看不起他，和他说话的言语里总是时不时地透露别人家的老公怎么怎么样。所以他只能不停地努力工作，希望得到领导的赏识，可是为什么自己总是多做多错，每次都会被亦珊劈头盖脸地骂一通，自信心也被打击得一塌糊涂。现在的他都有点儿不敢回家了，因为不知道什么时候自己又会惹怒亦珊，惹不起，自己还躲不起么。

所以，对男人而言，遇到一个仰慕自己的好女人是一生的幸运，因为好女人让他鼓起勇气面对一切，给他直面挫折的信心；若遇到一个不把自己当回事的女人是一生的灾难，因为即使这个男人再有能力、再有拼搏的意志，也会被女人贬得一无是处，最终失去战胜困难的信心和意志！

仰慕的力量是伟大的，它能给男人一份精神上的力量，给男人勇气和信心，从而促使男人不断突破自己、鞭策自己努力工作，这股力量足以推动他去成就一份自己的事业。女人们，想让你的男人获得成功吗？那么，请收起你那一副挑剔的眼光，试着仰慕你千挑万选过后最终选定的男人吧！相信在你的温柔倾慕之下，他也会变得越来越优秀，越来越成功！

用赞美代替指责和抱怨

我想每个人肯定遇到过这样的情况：你好好准备了复习考试，结果却没有考好。试想，这时父母对你的态度一种是指责、抱怨，另外一种是认可你的努力，适时地赞美，你会觉得哪种方法对你更有激励作用呢？是的，我想一定是第二种。当父母指责和抱怨你的时候，你其实是很委屈的，因为你会觉得自己确实已经很努力了，但是没有考好，题目出得太偏了，别的知识点你都复习到了，就是没有复习到考试上的题目。所以，你在干什么？你在不断地找理由，来解释自己为什么会考不好。而当父母选择第二种方式时，你会觉得我怎么就没考好呢？为什么我会辜负父母的信任？看来我还没有足够努力，因为还有很多题目没有复习到。此时的你又在干什么？你在不断地找自身的原因，从而不断地改进，更加努力，下一次考试自然也会取得更好的成绩。

其实，婚姻关系也正是如此。如果妻子总是通过指责和抱怨来让丈夫知道他的问题和缺点时，他就会像上面的“你”一样选择逃避，然后找出一大堆的理由，更有甚者会对你的抱怨表现出厌烦的情绪，甚至对你产生敌意。你希望得到这样的结果吗？当然不！

再则，指责和抱怨给我们带来了什么？它真正解决了我们之间的问题了吗？它能让我们和家人之间的关系变得更和谐吗？它可以让我们越来越讨人喜欢吗？显然，好像也不能。既然指责和抱怨于事无补，况且还不能解决任何问题，那么不如换一种方式，试着去赞美对方。莎士比亚曾说过："赞美是照在人心灵上的阳光。没有阳光，我们就不能生长。"心理学家威廉·詹姆斯更明确地指出："人性最深切的需求就是渴望别人的欣赏。"赞美具有一种不可思议的推动力量，对他人的真诚赞美，就像荒漠中的甘泉一样让人的心灵滋润。所以，女人们一定要记住一点：好老公是夸出来的。

艺欣是个很会来事儿的姑娘，在大家眼里，她为人善良且待人特别好，大家都可喜欢她了。

然而，艺欣的老公却不这么认为，他觉得她上辈子一定是个老师，专门给他挑错，只知道指责：饭做得不好吃，衣服总是洗不干净，干活不麻利，托他办点事儿总是会出现这样那样的问题……好像不管自己做什么，她总能挑出毛病来。

时间一长，两个人为这点鸡毛蒜皮的事情没少吵架，后来艺欣的老公也想明白了，无论自己怎么努力，也都是多做多错，那还不如少做少错。于是，带着不满，丈夫当起了"甩手掌柜"。无论艺欣下班多晚，丈夫都是等着她来做饭，家里的衣服一大堆，他也不知道洗一洗。艺欣感觉生活得越来越累，夫妻间的感情也越变越僵了。

于是，艺欣就找到了自己的好闺蜜丹丹抱怨。丹丹没有对艺欣和她老公的事情做任何评价，只是讲了自己和老公的事：“我在私企工作，你也知道，我们的工作特别忙，而且还时常要加班加点。老公心疼我，每次我回来都能看到一桌子热腾腾的饭菜在等我。这让我很感动，可是说实话，他做的饭菜实在是不太好吃。但是看着他忙碌了一个小时，我实在不忍心。于是，每次我都会强迫自己多吃一点儿，吃完以后便会不停地夸老公，说老公在外面辛苦地工作赚钱养家，不但能干，手又巧，还那么懂得体贴人。我老公听了以后心里乐开了花，还专门花时间去研究了菜谱，后来他做的饭菜也变得越来越可口了。周末，老公做家务的时候，虽然不需要我动手，但我也没闲着，跑前跑后地跟着他，还会不时地问他‘老公，你累不累？我帮你擦擦汗吧！’看到老公趴在地上擦地，我就会在旁边陪着他，和他说说话，有时还会夸上两句‘天哪，老公，你把地擦得太干净了吧？！’我老公听了感到非常高兴，干得就更起劲儿了。所以家里的家务活从来不用我插手，他就会尽心尽力地干好了。可见，好老公都是夸出来的，这话一点也不假。”

看着丹丹一脸的幸福样儿，艺欣若有所思，她对丹丹说：“我好像知道自己错哪儿了。”从此以后，艺欣开始用赞美代替了指责和抱怨，她和老公又幸福地生活在一起了。

一个聪明的、会经营婚姻的妻子要想婚姻幸福，就必须学会赞美自己的丈夫。当然，赞美不是简单的“你真棒”“你好厉害呀”类似笼统、敷衍的夸奖，而是要注意一定的方法和技巧。

1.赞美要求实事求是，措辞恰当

当你准备赞美你的另一半时，首先要想一想，这个赞美是否实事求是，对方听了是否会认可、相信。可以有略微的夸张，但千万不能过分，而且你要有足够的理由证明自己的赞美是有根据的，同时注意一下言辞，一定要恰当得体。

2.赞美要具体且有新意

抽象的东西往往比较笼统、不具体，而且还难以给人留下深刻印象。就像“你真好”，那具体是好在哪里，怎么好都要讲清楚。挖掘对方不太显明的优点，给予赞扬，增加了对方的价值感，如此赞美起的作用会很大。

夸奖要有新意，不要人云亦云。千篇一律的夸奖不仅很快会被对方淡忘，也不太可能引起他的任何注意。如果得到了你有新意的夸奖，对方便会产生前所未有的刺激，其自尊心也会得到极大的满足。

3.在男人失败的时候也不要忘记称赞的话语

也许你不理解为什么要在他失败的时候去赞美他，这简直是自讨没趣。其实不然，这个时候正是他心理防线薄弱的时候，他希望有人能肯定他之前的努力，即使是失败了，也渴望得到哪怕一点儿小小的认同。

在他最失望、无助的时候，一定要反复地告诉他，他之前做的事情虽然没有收到预期的成效，但是毕竟已经努力过了，就是值得人尊重的，适时的挫折会让我们以后的路走得更稳。

所以，适时的鼓励、表扬，让你的男人在低落的时候可以依赖你，从而让你们的爱情、婚姻变得更加稳固。

4.传达别人的赞扬之词

其实，男人是很在乎周围人的评价的。当他听到周围人的尊敬和信赖的话语时，他会感到非常高兴，同时也会以更高的要求来约束自己、要求自己。所以，你如果听到周围人对他的称赞，一定要及时告诉他。要知道，男人是需要经常鼓励，需要哄的。

“他们听了你的事情，都觉得你很厉害，很能干”等来自周围人的评价，对男人的成长促进有着不容小觑的力量。

每个人都是渴望得到赞美的。因此，在与伴侣相处时，要满足他的这种渴望，多赞美他。适当的赞美能催人上进、激人发奋。夫妻之间，请不要吝惜赞美之言。每天试着对你的妻子或丈夫说些赞美的话，这将会产生神奇的效果。因为你会发现自己和伴侣每天都心情舒畅，彼此间的心理距离也会越来越短，婚姻生活也会变得更加幸福美满。

婚姻需要甜言蜜语来调味

这是来自一个女人的心声：“我的耳朵已经寂寞了很久。因为老公太久没对我说情意绵绵的话了，太久没有像以前那样因为我的打扮得体而夸赞我。我的生活，缺少了甜言蜜语。我们的婚姻，也缺少了热情，仿佛提前进入了七年之痒。我想，我的耳朵已经寂寞太久了，需要情话的抚慰。所以，亲爱的，请你偶尔也浪漫一点儿，对着我的耳朵说说甜言蜜语，就像刚刚恋爱的时候那样，经常地称赞我。那样，我会像花儿见到阳光一样，生长得更亮丽、鲜活。而我们的婚姻，也会变得更加健康。”

是的，有太多的人在进入婚姻以后，就觉得应该开始正常地过上平平淡淡才是真的生活，那些在谈恋爱时都不用打草稿、张口就来的甜言蜜语技能突然就消失了，说不完的缠绵悱恻说完了，道不尽的缱绻情深也道完了。日子像一潭死水一般泛不起一点涟漪。

会做菜的人都知道，有时候要加点糖来提提一道菜的鲜味。婚姻也一样，要实际加浪漫，要点甜言蜜语来调调味，如此婚姻这道菜才能变得更加鲜美。

于是，很多女人都认为自己的老公应该经常对自己说一些甜言蜜语，殊不知，她们在索取的时候却忘记了给予。其实，男人也需要一点爱情甜点，最起码告诉他，你有多么爱他，他在你心目中占有多么重要的地位。威廉·波林吉尔博士说：“有些妻子实在太爱自己了，以至于她们不愿意将自己的爱分给她的丈夫。”不懂得分享甜言蜜语的妻子自然也得不到丈夫的赞美。幸福的婚姻不仅要有面包和牛奶，还需要有诗和远方，更需要欣赏和赞美。

方卫在妻子周颖眼中一直都不是一个浪漫的人，也不会说一些甜言蜜语来哄她，但是她知道他确实很爱她。自从结婚以来，每天早上，方卫都会提前为周颖挤好牙膏，做好早饭并盛好，等着她洗完脸刷完牙来吃饭，吃完饭他也会主动把碗筷都洗了，然后两人一起去上班。家里的家务活方卫也从来都不让周颖插手。周颖喜欢干什么事情，他就陪着她一起去。

但周颖总觉得好像少了点什么。结婚这么久以来，方卫连一句“我爱你”都得磨叽半天，更别提甜言蜜语了。于是，周颖有时候就故意逗方卫，在大街上逼着他说“我爱你”。方卫不肯说，她便故作生气状：“你一定是不爱我了，不然为什么不肯说那三个字！”方卫连忙解释道：“你也知道我这张嘴，就是笨！再说大庭广众下说，多难为情呀，这让我怎么说得出口呀？或者你让我帮你做点别的什么，我都答应你。”

见方卫铁了心不肯说，周颖一下子抱住方卫，大声地说道：“老公，我爱你。谢谢你这么呵护我，照顾我，宠着我，让着我，是你让我感受到了家的温暖，有你真好，我觉得自己是天底下最幸福的女人，我希望永远和你在一起。”方卫一下子愣住了，随后紧紧地抱住周颖，泪水在眼眶里打转，他太感动了。

方卫是打心眼里喜欢周颖，觉得自己能娶到这么好的媳妇是上辈子积了大德了。这次周颖居然能这么大胆地向自己表白，虽然有些尴尬，但是这感觉真的是太棒了。自己之前一直在用实际行动来表达自己的爱，此时的他决定开始改变自己，让自己也试着说一些甜言蜜语，让周颖感受到自己诚挚的爱。

婚姻里的甜言蜜语，不需要矫揉造作，不需要山盟海誓，只要你真实地表达你的情感，让夫妻之间有心与心的交流时间，让对方更加了解你，深爱你。都说婚姻需要保鲜，那保鲜的秘诀之一就是适时地说出那句贴心的话，那一句甜言蜜语，女人需要，男人也需要。因为“甜言蜜语”会让人感到惬意，让人感到温暖。不仅说话的人是幸福的，听到的人也同样是快乐的。

张充和生前最喜欢唱昆曲，可谓对昆曲到了痴迷的状态，只要有时间就一定要花时间唱上几句。

而她的丈夫傅汉斯不仅特别欣赏张充和在昆曲上的造诣，还经常和她一起登台演出。

1950年以后，夫妇二人一起去大学讲解昆曲。丈夫傅汉思主要负责讲解内容，妻子张充和则穿着戏服，戴着自己亲手缝制的珠花头面，伴着事先录制的笛子录音和傅汉思现场打鼓板，唱上一曲。

节目结束后，傅汉斯的学生纷纷上前祝贺节目圆满落幕，称赞老师文武双全。

傅汉斯当时是怎么做的呢?

他很温柔地把手搭在张充和的肩上，充满溺爱地说："这都是你们师母调教得好，你们的师母才是高手，我不算什么。"

简单的几句话全是对张充和满满的赞美和欣赏。在傅汉斯眼里，张充和不仅是自己的妻子，还是一位昆曲的大师。

婚姻生活虽然是两个人的简单结合，但是这其中要处理的事情和问题都在成倍增加，矛盾和问题也在不断出现，柴米油盐的琐碎，生活毫无乐趣可言，如果双方只知道纠缠在这些琐碎里乏味地生活着，这样的婚姻势必走得疲累。

所以，偶然忘记柴米油盐吧，来一点儿甜言蜜语，让它浇灌我们的爱情之花，如此，我们的心灵，我们的爱情，我们的婚姻才能永葆青春。

别轻易触犯男人的尊严

有这样一个故事。

骑士向一个心仪已久的少女求婚。但是，少女犹豫不决。于是，骑士决定在她楼下等候100天，直到她答应为止。

从此以后，骑士每天都会在少女的楼下等候少女的出现。渐渐地，少女动心了，但是她想知道骑士能否坚持到底，以此来确定骑士对自己的爱有多深。

时间一天天过去了，骑士依旧每天都在楼底下等着。到了第99天的时候，躲在窗户后面深情地看着骑士的少女已经深深地爱上了他，她决定此生就嫁给他了。

在第100天的时候，少女穿上了最美丽的裙子，画了最精致的妆容，等待着骑士的到来，可是她等了一天，也没见着骑士的身影。

后来，少女再也没见过骑士，却等来了骑士的一封信，其中有一段话是这样写的：每个男人都是有尊严的。我等待了你99天，希望有一天能感动你，结果你却一直都没有出现。我并非不能完成我的承诺，但是为了维护我的尊严，我决定离开……

读到此，少女后悔不已。

骑士在等待了99天之后，最终在第100天时选择了离开，借此来维护自己的尊严。

席勒曾经说过这么一句话：一个国家如果不能勇于不惜一切地去维护自己的尊严，那么，这个国家就一钱不值。绝大多数的男人也是这么认为的，尊严是他们的命根子，如果不能维护好自己的尊严，那么他也将一文不值。

那么，什么是尊严？尊严是指人和具有人性特征的事物，拥有应有的权利，并且这些权利被其他人和具有人性特征的事物所尊重。简而言之，尊严就是权利和人格被尊重。换句话说，尊严就是面子。男人把尊严看得比什么都重要。古语有云“士可杀，不可辱”，就是对尊严和面子的最好诠释。

既然，尊严对于男人这么重要，女人就一定要注意，不要随意去踩这个雷区。妻子们不要因为丈夫的一再忍让，就变得越发张狂和咄咄逼人，特别是在外人面前千万不要去挑战他的底线，去触碰他那根觉得有损面子和男人尊严的“敏感神经”，说不定什么时候他就会让你付出惨痛的代价，甚至谋杀了你们苦心经营的爱情。

所以，作为妻子，请你一定要顾及丈夫的尊严，千万不要随意指责老公无能，诋毁他的人格，戳伤他的自尊心。正所谓：“良言一句三冬暖，恶语伤人六月寒。”更何况是至亲夫妻。我们总结了几句妻子一定不能对老公说的话，这些话很容易触及男人的自尊心且具有较强的杀伤力，妻子们一定要铭记于心。

1.人家要钱有钱，要实力有实力，你有什么?

在物欲横流的当今，女人都喜欢用物质来衡量一个男人的成功。既然你已经嫁给了你的最终选择，那么一定是在你深思熟虑过后的决定。别人有钱、有实力，都与你无关，更与你的老公无关。你想通过这句话来刺激你老公奋发向上，那就大错特错了。

当说出这句话时，你会深深地刺痛他的心，虽然他没钱、没权，但是他有一颗爱你的心，呵护你的情。所以，在你质问他之前，请扪心自问一下：你有什么？当然，你有权去追求你想要的物质，但是请别一直践踏老公的自尊，他们有时很脆弱，真的伤不起。

2.我当初真是瞎了眼，选择了你!

很多女人在对自己老公失望的时候都会说这么一句话。然而，换个人当老公有时候还不如这个好呢？别总是一副高高在上的样子，总以为是男人高攀了你，其实，在某些方面反而是你高攀了他，只是当你拥有的时候，你让自己的眼里充满了缺点，看不到他的好罢了。

再则，真正的爱情是不存在嫌弃的，不管他多丑多穷，如果你们是真心相爱的，那么你怎么会嫌弃呢？如果你真的嫌弃，那只能证明你不够爱他。

3.你不是男人!

这句话在很多地方都用得上，只要你对男人有任何不满意的时候都可以。但是，这句话女人们是万万用不得的。“你不是男人”就好比“你不是女人”一样，其中充满了极度的讽刺，极其伤人。

他是不是男人你最清楚，不是男人的话，为什么你当初要选择他呢？很多时候，在痛骂老公的时候，其实你也是在痛骂自己。让旁人听了，只会让他们笑话。

而且，你这么骂你的丈夫，轻则他会说“你觉得我不是男人，那好，你来当男人吧，你来赚钱养家，你来做我做的所有事情。老子什么也不管了”，重则直接扔给你一张离婚协议书，“既然你觉得我不是男人，那你去找是男人的去吧”。我想你肯定不想曾经那么恩爱的一对，走到这种地步吧。所以，当这句话到嘴边的时候，女人们千万要三思而后行，除非你已经做好了最坏的打算。

4.和你在一起就是个笑话

婚姻是你们一起相互选择的结果，他并没有强迫要你和他在一起。如果你认为你们当初在一起是个错误，如果你已决定要跟他一刀两断，那么也不要用笑话来揭一个人的伤疤。你的尖酸刻薄只会招惹他的愤怒，也许你可以不在乎，因为你们今后再无瓜葛，但是谁又能肯定你们不会在哪个犄角旮旯里遇上呢？

笑话他，就是否定了他的一切，这对于男人来说，无异于一把锐利的匕首在扎他的心。你宽容不了他，他也会用恨牵肠挂肚着你。

如果你以为打击他的尊严可以让他俯首称臣，征服他的心，那你就大错特错了。你会输掉他对你的尊重，更有可能输掉你们之间的爱情。

真正聪明的女人应该像爱护自己的爱情一样爱护男人的尊严，她们不会和男人的尊严较劲，更不会去挑战男人尊严的底线。其实，做男人真的挺不容易的，所以作为温柔贤惠的你请试着多给老公一些尊严，那么你们的家庭也会变得更加和谐、美满。

关键时刻给足男人面子

曾经有人做过这样一个调查：男人的死穴是什么？在调查的人中竟然有73%的人回答：男人的面子就是男人的死穴。男人需要有面子，男人也最怕失去面子。在这个社会中，男人总是十分在意自己的面子，十分在乎别人是否能给自己留足面子，在这一点上，他们从不含糊。男人，成也一张脸，败也一张脸。

聪明的女人知道要经常给老公留面子，花心思维护他们的面子，这有利于夫妻关系的和谐。让婚姻多一分美满，少一些遗憾。

那么，在婚姻中，女人要如何给足男人面子，这是一个值得思考的问题，也是每个女人的必修课。其实，很多男人在家的时候可以任凭你怎么“管教”都行，但是一出门，就希望你能给足他面子。所以，女人一定要懂得老公的这种心理，在关键时刻给足他们面子。

1.要内外有别，在外人面前一定要尊重自己的男人

无论是在家人面前，还是在朋友面前，只要你们俩之外有第三人的时候都要给男人留面子。如果你在家人聚餐或是和朋友聚餐的时候，经常给老公拆台，顶撞他，或是贬低他，甚至不惜大打出手都是非常不好的行为，这会让朋友认为你是一只“母老虎”，而不是贤惠的妻子，让家人觉得你们夫妻过得不幸福，而且这也会让男人颜面尽失。

所以，在外面，无论老公做了什么让你感到难以忍受的事情，千万不能冲动，一定要表现出非常顺从老公。如果你实在受不了，请你等回到家后，两个人关起门来再好好算账也不迟。如此，男人也会感激你的体谅而不再犯错。

李先生在北京开了一家餐馆，生意兴隆。

一日，餐厅打烊后，李先生不知道又做错了什么事情惹怒了自己的太太。这时，所有的伙计、厨师都已经下班走了，就剩下李先生和太太二人。李先生的太太脾气不好，她随手拿起一把扫帚追着李先生就打。无奈，情急之下，李先生只好逃至桌下。

恰好此时，有客人返回来寻找丢失的东西，正好撞上这一幕。这时，八面玲珑的李太太急中生智地拍了拍桌子，说：“我想把桌子下面的那个地方好好打扫一下，可是这个桌子太大了，我说咱俩一起抬吧，可是你非要自己扛，也不想让我动手，正好来帮手了，下次再用你的神力吧!”就这样，这个尴尬的场面被太太的三言两语给打发过去了，李先生顺坡下驴直夸夫人想得周到，一场面子危机被她轻松化解了。

2.不要随意嘲笑他

男人在外面辛苦打拼，也会有累的时候，各种各样的责任与义务，总会压得男人喘不过气来。还有些男人会被现实的社会摧残得体无完肤，伤痕累累。如果这时作为他最亲近的人——你再对他冷嘲热讽，在他的伤口上撒盐，那么无疑会让他感到雪上加霜。

每个人的人生肯定都会有起起落落。在他低落的时候，要学会理解他、包容他；在他受伤的时候，要鼓励他，给他一定的信心；在他累的时候，要默默地陪在他的身边，用你温柔的双手帮他按摩酸痛的双肩。

有佳人如斯，是男人一辈子最大的面子。男人也会不自觉地将你放在自己最重要的位置上。

3.多在老公面前装傻

很多女人打心眼里觉得男人比较笨。但是如果你从思想和行为上都在老公面前表现出来的话，男人就会觉得“既然你那么强悍，就你上吧”，以后不管遇到什么困难，都是你在前面冲锋陷阵，你成了女强人，如此恶性循环，你就更看不起自己的老公。

然而，真正的好办法就是，你要试着往后退，多在老公面前装傻，让老公上。而且在老公完成某项工作时，要及时地称赞他，让他觉得自己很厉害。你还可以在朋友或家人聚会时将这件事和大家一起分享：“我老公真的是太能干了，我都惊呆了，居然他能……还做得非常完美……”我想你老公听了以后，虽然嘴上会说：“没有啦，没有她说的那么夸张……”但他心里一定早就乐开了花。

小烨和丈夫虽然结婚十多年了，但是他们像是刚结婚的小夫妻般依然你侬我侬。

小烨觉得老公做事非常有主见，而且什么事情都能安排得妥妥当当的。于是，在他们结婚不久，她便在卧室的墙上挂上了一幅“家规”，上面写着：第一条，家里的一切大小事情都由老公做主；第二条，如果有异议，请参照第一条执行。来过家里做客的朋友们见了以后都觉得小烨的丈夫是真男人，居然能把老婆管教得如此听话懂事。

后来，老公在感动之余又添了一条：夫人享有总裁决权。

4.不要在老公面前经常夸奖别的男人

女人们特别喜欢将自己的男人和别的男人进行比较，以此来激励自己的男人快速成长，但是这样做只会适得其反，因为男人们特别不喜欢被人作为比较对象，而且特别讨厌女人们喜欢拿他们的短处和别人的长处比。如果你时常这样做，会让男人产生一种感觉，就是你看不起他。

男人最希望他是老婆心目中永远的英雄，无人可敌。所以，请将目光转向你的爱人，不要盯着别人的老公不放，毕竟要和你过一辈子的是你的男人，你的老公。多发掘自己老公身上的闪光点，多夸夸他，相信他会成为你心目中最棒的男人，最优秀的老公。

女人们，请给足你们的男人面子吧！当你这么做时，你得到的远比你想象的要多。试想一下，当你给了男人面子时，男人会觉得你是一个温柔贤淑、识大体的好媳妇，为了回报你，他会更加疼爱你，更加珍惜你。你收获的不仅是男人的真心、宠爱和尊重，还有一辈子的不离不弃。

第五章

情绪管理，遇见情商更高的自己

高情商的女人最幸福。因为她们懂得用心经营自己的婚姻。

婚姻中的她们，从不抱怨、唠叨，而是用自己的温情、爱与宽容去征服男人。

她们更懂得管理好自己的情绪，抑制自己情感的冲动，及时排解不良情绪的侵扰，从而活出更积极、阳光、快乐、幸福的自己。

别让情商成为你婚姻中的硬伤

有研究表明，一个人的成功15%来自智商，85%来自情商。情商对于每一个人来说都很重要，尤其是女人。女人的幸福往往与情商有很大的关系。

那么，情商到底是什么？情商是指情绪智力，是人类认识、控制和调节自身情感的能力。情商高的女人能发挥自己最大的潜能，在工作和家庭中事事顺心如意，让自己在社会关系中做到游刃有余，由内而外散发出女人的魅力，从而能收获甜美爱情和完美婚姻。

然而，在生活中，很多女人觉得自己的工作并不完美，爱情也不顺利，婚姻更是坎坷。这时，女人们要注意了，想一想是不是自己的情商出了问题？因为很多女人是低情商人群而不自知。曾有人列出了情商低的几种表现，看看你占了几种？

喜欢感情用事；

自以为是，从来不会在意他人的感受；

在众人面前，通过贬低别人来抬高自己；

言语上总是希望能胜过别人；

经常被负面情绪所左右；

说话喜欢戳人痛处；

喜欢对别人指手画脚；

只在意自己的表达，而不能觉察他人对自己表达的态度；

把最差的耐心给了亲人；

喜欢逃避问题。

不看不知道，一看吓一跳吧？是不是上面的绝大多数表现自己都有？不要紧张，我们先恭喜一下自己吧，因为我们已经意识到了自己的这个问题了。

首先，让我们来看看发生在情商低女人身上的一些事情吧！

因为总是自以为是，不在意他人的感受，而且还经常对家人发脾气，结果导致家里经常战火不断，婆媳关系紧张；因为总是被负面情绪左右，有时候还经常对老公指手画脚，从来不听老公的任何话，结果导致曾经非常爱自己的老公也开始变了，不喜欢和你交流了；不止一次地向全世界抱怨："老公已经不爱我了，他就是个混蛋！""从来没见过像我婆婆这样小气、不好的人。""他们一家人都不是好东西。"如此让情商成为硬伤，最终她们遍体鳞伤，还让自己的婚姻也不得善终。

其实，情商人人有之，只是高低不同而已。我们可以通过自身的努力来提高我们的情商。请试着按照下面的方法来做，只要坚持一段时间，你就会发现自己的情商会有很大的提高。

1.学会划定恰当的心理界限

很多人都缺乏一定的心理界限，这在人际关系和家庭关系中是很不利的，会让我们很容易就陷入无界限的纠缠当中，有可能你的出发点是好的，结果却并不如你所愿或不是对方想要的。

所以，适时地划清心理界限对大家来说都是有好处的。如此你能清楚地知道什么是别人可以和不可以对你做的，反之亦然。

2.学会控制自己的情绪

当情绪来的时候，很多人都控制不住自己，冲动之下做出或说出一些伤害身边的亲人的行为或语言。这时，你要找到适合自己的、尽快能让自己平静下来的方法，比如，你可以做无数个深呼吸，直到你的理智回到你的头脑；你也可以直接选择离开，然后找个地方泡个热水澡；你还可以选择跑步、拳击等运动方式来释放你的情绪。

3.多想想解决之道

如果出现问题了，我们要在第一时间抛开抱怨和逃避心理，因为它们不能解决任何问题，反而会增加你的烦恼，所以最好的办法就是多想想怎么去解决。比如，老公在洗碗，你总是在旁边对他指手画脚，这让老公很是不满意。那么，你的解决方法便是要么你自己来洗，要么就走开，放心地将洗碗任务交给老公。老公洗完碗以后，你还要对老公表示感谢。

相信当你养成了不断地在想解决之道时，你也没有机会再逃避和抱怨了。

4.用榜样的力量来督促自己

榜样的力量是无穷的。所以，请找一个你心目中想成为她那样的人作为目标，通过模仿、学习她为人处世的方式和方法，潜移默化地影响自己，进而激发出自己内在的潜能。

找到你学习的榜样吧！虽然她们比你聪明、所受教育程度更好、层次更高、比你更有毅力，但是你一定能在追赶她们的过程中不断地超越自己，提高自己的情商。

5.突破常规，换一种方式来成长

每个人都喜欢用自己惯用的方式去考虑问题和处理问题。我们可以试着突破一下常规，尝试一种截然相反的行为方式，由此可能会激发出不一样的自己，或许你可能会更喜欢改变后的自己。比如，你经常会觉得自己做什么都不行，什么都做不好。这时，请你不断肯定地告诉自己“我做什么都行，而且都会做得非常棒”，然后从一些简单的事情开始，逐渐给予自己一定的信心，相信不久的将来，你一定会远离悲观的想法，从而变得非常自信。

幸福的婚姻，从修炼好自己的情商开始。当你不断地朝这个方向努力时，你会发现你的情绪越来越稳定了，老公越来越爱你了，婆婆也变得和蔼可亲了……一切都在你的掌控之中，幸福正在慢慢向你靠近。

想过幸福的日子，请从停止抱怨开始

每个人的人生都不可能十全十美，更何况婚姻。当婚后的生活不如我们所期望的那样、各种压力让你喘不过气来、烦闷的情绪不断涌上心头时，我们便开始抱怨自己，抱怨他人。

渐渐地，我们发现抱怨偷走了我们那双发现幸福的眼睛，它让我们的眼里只有不完美，只有不幸福，它还给了我们一面放大镜，用来放大我们的负面情绪。抱怨就像一种毒气蔓延在我们的婚姻当中，它又像是一个定时炸弹，随时会毁掉我们的幸福生活。

在众人眼中，王珂是一个非常幸福的女人。她是一名大学老师，丈夫是一家大型公司的主管，收入很高。两个孩子也让他们很省心，不但成绩优异，而且还很懂事。

照理说，这么幸福的家庭，应该没有什么可值得抱怨的。然而，每天下班回到家，王珂就向丈夫开始了各种抱怨。比如，今天上班路上车特别多，造成了严重堵车，结果导致自己上班迟到了，被扣了一天的薪水；现在的孩子都很有想法，不好管教；同事之间为了上位，都极尽所能地各种钩心斗角、巴结领导；学校又布置了很多的任务，而且近段时间要求大家都加班加点，等等。

刚开始，丈夫还能在一旁认真地听她说完，然后试着开导她，给她想解决方案。可是时间一长，丈夫知道这是她的习惯，她已经习惯了每天的抱怨。老公开始变得不耐烦，自己忙碌了一天，已经够累了，再加上有时候自己心情也会不好，但是还要被她拉着听她的抱怨。

为了不听妻子的抱怨，下班后，丈夫就把自己关在书房里。直到晚饭时，他才从书房出来。他甚至更愿意在单位加班加点。后来，王珂也感觉到丈夫对自己越来越冷淡了，但是她也不知道到底是哪里出了问题。

正如很多男人所说："结婚后，女人们就变了，变得喜欢抱怨了。"那么，女人为什么爱抱怨了？从心理角度来看，女人比男人更需要关注，通常来说，她们对情感的期望也超过男人。而在婚姻里，女人认为男人应该时刻关注自己和自己所关注的事情。女人抱怨的另一个目的是希望能改造男人。通过不断地抱怨来"点醒"男人，让男人发生改变。

但是，当女人们开始抱怨的时候，她们会自动忽略男人曾吸引她们的品质，转而一直将注意力关注在男人的缺陷上。女人们会说："我这么做，不都是为他好吗？"NO! 千万不要以爱的名义去要求男人们改变。爱不是要改变一个人，而是要在潜移默化当中影响他，让他自己觉察，从而主动改变。将心比心地想一想，你会想要和一个天天喜欢抱怨的男人在一起生活一辈子吗？

所以，抱怨解决不了任何问题，它只会让你又一次的回忆痛苦。举个例子，如果一个女人，遭遇了一段不幸的婚姻，自己没有立马做出改变，而是常年让自己忍受这段不幸的婚姻，然后常年抱怨这段婚姻，那不是恶性循环吗？长此以往，你会发现幸福离你越来越远。

如果你想过幸福的日子，那么请停止抱怨吧！

当你对某事不满而想抱怨时，首先，请一定要正视事情的本身，细想一下这个事情是否真如你想象中那么糟糕。还是它不止有坏的一面，还有好的一面。不要让自己的想法只停留在坏的那一面。比如，老公想带你出去玩，结果开错了路。虽然很可惜，不能马上到预先订好的地方，但是这个地方也很好，感受一下此刻的风景也是一个不错的选择。如此想问题，你就不会那么想抱怨了吧？

其次，你可以试想一下，当你对老公走错路这件事情产生了抱怨的想法，并打算喋喋不休地抱怨时，会产生什么样的后果呢？当你抱怨道：“一个大男人方向感怎么这么差？”虽然有的老公会隐忍不发，但是也会影响他的心情，影响他开车，结果就更找不到方向了。这时，你完全可以对老公说：“老公，真不错，无意中走错了路居然还能发现这个世外桃源，这边的风景也不错呢，我们在这边玩也是个很棒的选择哦！”老公听了这番话，一定会对你感激涕零。出来玩，最重要的是开心。你将自己置于无尽地抱怨声中，不但影响了两个人出来玩的心情，有时甚至还会将婚姻中的温情逐渐抹杀了。

生活已是不易，如果你还在不断地抱怨中释放负能量，那么你绝对脱离不了苦海。所以，从现在开始，告诉自己：抱怨解决不了任何问题，唯有停止抱怨，从改变自己开始，我才能收获满满的幸福。

吵架的最高境界就是让感情越吵越甜蜜

有人说：“在这个世界上，即使是最幸福的婚姻，一生中也会有200次离婚的念头和50次掐死对方的想法。”那么，争吵的次数就更加不计其数了。要是你仔细观察，就会发现，一辈子不吵架的夫妻几乎是不存在的。夫妻二人在一起生活，难免有意见不统一的时候，这时吵架就不可避免了。

然而，有的夫妻在吵架中让婚姻奄奄一息了，所以他们会对别人说，夫妻俩没事儿别吵架，吵架伤感情。所以，他们为了不让吵架影响婚姻、影响感情，为了让自己少一些失望和痛苦，他们总是在极力避免争吵，以保持婚姻生活的融洽。而有的人则认为争吵是改善亲密关系的催化剂，它能有效地增进双方的亲密感情，从而达到越吵越甜蜜的效果，所以他们会对别人说，夫妻俩没事儿就吵吵架吧，小吵怡情。

那我们到底应该听谁的呢？其实，从理论上来说，争吵是件好事。因为在争吵中可以突破承诺或价值观的约束，当你们吵得面红耳赤，头脑发热时，你不再小心翼翼忍气吞声，很容易说出压抑在内心的真实想法，这样，在双方一来二往的“交战”中，你能获得以下两点好处：一是了解彼此的想法，二是在短时间内进行大量的信息反馈，这样的效率不知道要比深夜的促膝长谈高了多少倍。

刚结婚不久的陈言和李力最近老是吵架。

有一次，陈言说：“你把你的工资卡给我吧！”李力甚是不解地问道：“为什么？”“因为我们结婚了呀？我爸妈、同事他们的工资卡都是交给女人管的。”陈言理直气壮地说道。李力一听，便大声反驳：“我工资卡上的钱基本上都给你了，况且这张卡上也没什么钱了，交和不交有什么区别，我不想交给你。”“什么？你肯定心里有鬼，不然为什么不肯交给我。”陈言说道。李力没再搭理陈言，陈言生气地摔门出去了。

李力虽然也在气头上，但是一看外面的天都黑了，这要是出点儿什么事，自己得多担心。于是，他便追了出去，好言把陈言劝了回来：“老婆，对不起，是我错了。如果你真的想要工资卡，我可以给你。但是你知道，我也是好面子的。我们单位的男人的工资卡都上交给老婆了，我真的不想让他们觉得我也是怕老婆的，也把工资卡上交了。其实你也知道，我基本上除了交房租，剩下的钱每个月也都给你了，是不是？不过这次是我不对，你能原谅我吗？”

陈言看着李力，嘟着嘴娇嗔地说道：“好吧，原来是这么回事儿，你早点和我好好说不就没事儿了么。那工资卡你自己留着吧！但是记得卡里的钱要上交哦！”“好嘞，一切都听老婆大人的。”李力向陈言敬了个礼，逗得陈言咯咯直乐。夫妻二人又和好如初了。

有位心理学大师说过：“吵架需要两个人，而和好只需要一个人。”很多时候，夫妻吵架都犯了一个错误，那便是沟而不通，他们只是单纯地为了发泄自己的情绪而已，而不是让双方相互理解，让事情得以解决。他们不懂得争吵的艺术，只在乎确定谁是谁非。要知道，家应该是“讲情”的地方，而不是“讲理”的地方。

很多时候，吵架是一个倾诉或发泄的过程。男人在外面背负的压力比较大：工作不顺利，被领导批评，同事的排挤……女人也一样，又要上班，还要管好一家老小，有时候心情烦闷也是在所难免的。双方很容易将各自的负面情绪带到家里，如此只要有一点小问题就很容易引发争吵。这就是一个很好的宣泄口，但是我们也必须时刻提醒自己，要注意收集这其中的有效信息，在争吵过后，静下心来，好好分析并找到解决之道。这一步是让感情越吵越甜蜜的关键。因为它可以帮助夫妻双方更深刻地认识自己、了解对方，从而使其情意相通，进而达到和谐相处的目的。

1.要承认自己的不足之处，然后说出自己的想法

要意识到自己的不足之处或问题，然后及时地和对方承认，这能有效地缓解对方的防卫心理。你可以这么和对方说：“我觉得在这件事情上，我有做得不对的地方……”对方才有耐心继续和你交流。这时，你可以把你的想法和感受告诉对方，你的初衷是什么，便于对方更好地理解。

2.认真听取对方的想法

交流是相互的，不可能只是你一个人在说，所以你也要认真听取对方的想法和意见，针对有不同的理解的时候要等对方表达完再提出异议，和对方交流，达到正确的解答。最好就事论事，不要牵扯以前的或别的事情进来，从而不至于又伤害对方还模糊了焦点。

3.提出你的希望

直接告诉对方在这件事情发生时你希望他做什么或是他希望你做什么，也就是要和对方反映自己的需求，最好能提出具体的方案，以便改正或是下次再遇到类似的事情时可供参考的内容。

4.表达自己的正面感受

不要觉得双方争吵了，心里就有芥蒂了，然后把对方看得一无是处。这是低情商的表现。既然大家都说开了，就要坦然地接受，最后要适时地感谢一下对方：“谢谢你愿意花时间听我说这些话，我觉得很开心，谢谢你……”

世界上没有不吵架的夫妻。如果二人真的到了连吵架的力气和心情都没有的时候，那么他们的婚姻很有可能已经走到了尽头。所以，吵架是两

个人婚姻失和的开始，还是夫妻感情亲密的催化剂，完全取决于我们能不能正确地认识吵架，会不会艺术地吵架？如果我们能把每一次吵架都当成一个相互了解的过程，在吵架中真切地感受到对方的需求和想法，采用高情商的吵架方式，那么，你何愁不会成为一个善于处理婚姻冲突的爱情专家，你们的感情何愁不会越吵越甜蜜呢？

给自己的坏情绪做个SPA

如果你仔细观察，你会发现一个很有意思的现象，那就是“男人喜欢解决问题，女人喜欢发泄情绪”。好像任何一对男女都是这样的。为什么要发泄情绪呢，很显然，身体里有太多的坏情绪在冲撞，不吐不快。

陈单艳在一家单位当会计主管。上周刚好是月底结账的忙碌期，又遇上了审计报告一直出不来，焦头烂额的她又遇到生活上的各种不顺利，她感觉自己已然是坏情绪上身，但凡有个人要和她说话，她都想和对方大吵一架。

好不容易挨到了下班，陈单燕想尽快脱离这个让她窒息的地方。丈夫回到家发现陈单艳情绪不对劲，出于好心，询问了几句。陈单燕却根本没理他。那天晚上，丈夫一直在找话题试图想了解她到底是怎么了？忍了很久的陈单燕终于爆发了：“你烦不烦？啰里八唆讲一堆！你知不知道我今天很累呀！你真是不懂得体贴人……”丈夫被说得不知道怎么接话，转身进屋睡了。

后来，陈单艳意识到自己犯了个大错，明明是自己情绪不好，只是没有听到自己想要的安慰话语，就胡乱向丈夫发脾气，这不明摆着无理取闹吗？不管是工作还是生活，总会碰到不如意的时候，如果动不动就把家人当成发泄对象，那家庭幸福指数肯定是一落千丈，这是多么愚蠢的事情。

女人天生就是敏感的动物，她们比男人更容易情绪化。在碰到一些事情时，女人通常都会先产生情绪：愉悦时心境开朗，生气时怒火中烧，焦虑时辗转反侧，悲伤时痛哭流涕……情绪就像一面镜子，反映着女人生活的点点滴滴。

其实，生活就是一团乱麻。很多时候，我们会为工作的压力、家庭的束缚或是爱情的牵绊而感到无能为力，忧郁、愤怒、哀伤、愁怨等坏情绪时常滋扰并无情地啃噬我们的心灵，不但妨碍了我们正常的学习、生活和工作，还让我们沉迷于坏情绪之中无法自拔，最终让我们的身心都伤得不轻。美国“博闻网”刊登的一项调查发现：75%的颈椎疼痛、80%的头痛、99%的腹胀以及90%的疲劳都由坏情绪引起的，人体的每个脏器都与对应的情绪息息相关。多项国际研究也指出争吵、烦躁、愤怒等的坏情绪，会大大缩短人的寿命。

既然坏情绪的危害如此之大，那么我们不得不予以好好重视。当坏情绪来临的时候，我们不妨给自己做个情绪SPA，从而将体内的坏情绪赶出去，还自己一份好心情。做SPA的重点就是通过各种疗法，促进人体排毒，从而给人带来愉悦的享受，让人达到神清气爽的目的。那么，我们应该如何给我们的情绪做SPA呢？

1.音乐疗法

相信很多经常去做美容的女人会发现，在美容院里都会放着舒缓曼妙的音乐。音乐是可以使人的坏情绪得到缓解的。要知道，在音乐的美好世界里，它能任你遐想。当你的心和音乐融为一体时，你会忘记所有的烦恼和不快，这就是音乐的魅力。所以，平时多下一些自己喜欢的不同类型的音乐，然后分门别类地归置到不同的文件夹里。当你感到焦虑时，就给自己放一些舒缓的轻音乐，以消除紧张焦虑的情绪；当你感到忧郁时，可以给自己放一些欢快、自然的音乐，来消解你的郁郁心结；当你感到哀伤时，可以给自己放一些轻松、旋律轻快的音乐，来赶走你的感伤。

2.泡澡疗法

面对生活和工作的压力，最好的缓解压力的方式就是泡澡。泡澡不仅能够排除身体的汗液，还能温通经络、化瘀舒筋，从而帮助我们缓解身体和精神的双重疲劳，让我们的身心得到彻底放松。

当你在泡澡时，可以在泡澡水里加一些玫瑰花瓣、甘菊等新鲜的花草或是滴入几滴可以舒缓你心情的精油，当然你也可以放一点轻音乐作为背景音乐，以达到更好的效果。

3.芳香疗法

所谓芳香疗法，是指利用从植物中萃取出的芳香分子“精油”或“纯露”，通过涂抹、吸闻等方式，从而使身心感到舒适的一种自然疗法。许多研究都已经证实精油对于情绪产生正面的影响，使人感到幸福愉悦，并且起到激励或者放松的作用。举例来说，迷迭香就具有激励的作用，而洋甘菊、薰衣草和玫瑰则会使人平静、放松。

多了解一些相关的精油知识，然后选择几款适合自己的在家中常备，那么你便可以通过芳香疗法来达到控制自己情绪的目的了。

4.呼吸疗法

美国治疗专家罗伊·玛蒂娜博士说，当你处于压力状态时，要放慢呼吸，同时尽量往后卷舌。这一方法能在数秒钟内平衡任何情绪。建议在情绪产生时，深呼吸并耐住性子等6秒钟，你的情绪便能得以平复下来，如果还不行，那么请再多试几次。

5.运动疗法

运动是缓解坏情绪最有效的方法之一，能帮助身体分泌快乐多巴胺。据相关的研究表明，做家务等活动效果很一般，跑步、骑车、游泳等有氧运动才是最佳选择。所以，建议坚持每周锻炼5次，每次30分钟以上。

在大汗淋漓中消耗掉自己的坏情绪时，你也收获了轻松的自己。

当你有坏情绪的时候，不要害怕，不要退缩，试试以上的方法吧，相信你一定会喜欢上这些SPA疗法的。

当然，虽然以上的这些疗法能帮助我们暂时地赶走坏情绪，但它们只能治标而不能治本。事实上，很多坏情绪都是由我们自己造成的，所以，最重要也是最根本的解决之道是我们要懂得从内心深处真正地为自己洒进一束阳光，学会开导自己，正确梳理自己的情绪，而不是被坏情绪牵着鼻子走。只有当你送走了坏情绪，好心情才能随时陪伴着你。

赶走忧郁，做一个“向日葵女人”

有人说：“忧郁的女人，有她独特的美。”忧郁的女人如《红楼梦》里的林妹妹般有着无法描绘的气质，有着孤芳自赏的魅力和多愁善感的心绪。她们不同于平凡女子，敏感而易情绪化，在她们傲气的外表下包裹着的一颗容易受伤的玻璃心。她们极具才华，却多以凄美的文字来书写内心的忧伤。

忧郁的女人是痛苦的。因为忧郁，她们经常黯然神伤；因为忧郁，她们的精神备受煎熬和折磨。忧郁的美是病态的美，是不健康的美，它轻则让人萎靡不振、妄自菲薄，重则让人消极悲观，以至于对生活失去希望。

安心是一个忧郁的女人，当初她的丈夫看上她也是被她的忧郁气质所吸引。刚开始，丈夫觉得安心很特别，她温柔多情，特别是她那双水汪汪无辜的大眼睛，总是让人心生想保护她的欲望。

俗话说：“相爱容易，相处难。”渐渐地，丈夫发现自己和安心的性格是格格不入的。即使自己有时候给了安心一些惊喜，她也好像没有太开心的样子。这让他很有挫败感。而且随着相处时间越长，丈夫越来越觉得自己也被安心给传染了，他也变得忧郁了起来。

后来，丈夫实在忍受不了安心了，就和她提出了离婚。这让安心彻底慌了神，变得更加不知所措，除了伤心，她不知道自己该干什么。她似乎失去了对所有事情的兴趣，她不敢见他们共同的朋友，不想去和丈夫曾经一起去过的餐厅吃饭，就连曾经最喜欢看的电视节目也能让她痛苦不堪。于是，她把自己关在家里，对着空荡荡的房间回忆与丈夫生活的点点滴滴，不吃也不喝，她觉得自己的人生彻底地完了，自己好像坠入了万丈深渊……

既然忧郁如此伤人，那么我们何不赶走忧郁，做一个“向日葵女人”呢？

向日葵女人就是永远满怀希望、坚强、积极向上、阳光的女人。对于她们而言，只要有一丝阳光，她们就会充满希望和力量，用最灿烂的笑容来迎接每一天，不管是风平浪静还是狂风骤雨。

向日葵女人不像忧郁的女人般在遇到不公平的事情，只知道退缩、抱怨和感到委屈，她会报以一个灿烂的微笑，相信一切都会越来越好，然后告诉自己“爱笑的女人运气都不会差”。

向日葵女人不像忧郁的女人般容易情绪化，动不动就生气、暗自落泪，对别人无心的一句话能理解出好几层的意思来，她会如向日葵般温暖地对待身边的每一个人，即使出现了问题，她也会冷静地思考，反省自己的问题，直到把问题得以解决。

向日葵女人不像忧郁的女人般事事都依赖丈夫、亲人或朋友，将自己的追求和梦想寄托在他人身上，家人和朋友都要以她为先，重视她，保护她，她有自己的理想和信念，她对工作满怀热情，对生活充满希望，既能事业有成，又能兼顾家庭，让自己在理想和现实之间游刃有余。

向日葵女人不像忧郁的女人般只知道爱自己，只知道索取，从不愿给予和分享哪怕是一丁点的爱，她会让大家都感受到她的温暖和爱，让人情不自禁地想接近她。

高阳出生在一个贫苦家庭，家里的兄弟姐妹众多。作为老大的她迫于生活压力，小小年纪便承担起家里所有的家务，有时候还要经常帮妈妈做一些手工活来赚点生计。

后来，家里出了一场意外，爸妈都出车祸死了。生活的负担一下子全落在了高阳一个人身上。虽然她曾一度伤心难过，但是为了这个家，为了弟妹们不挨饿，她没有抱怨老天的不公，而是更加努力地工作、赚钱，所有的脏活、累活她都抢着干，老板也特别喜欢这个懂事、能干的丫头。在弟弟妹妹们心中，她永远是个充满正能量、坚强、阳光的大姐姐，有什么事她都会冲在最前面。

为了让家里能宽裕一点儿，二十几岁的高阳只身一人南下广州去打工，每个月给家里寄钱的时候是她最高兴的时候，她通常只会给自己留一点点生活费，剩下的全都寄回给家里。

虽然在外打工，她也从来没有停止过学习，她心中一直有一个梦想，就是等自己有钱了，便开一家属于自己的甜品店。因为在自己上班的路上，每次都能经过一家超级高档的甜品店，而懂事的她却舍不得买一小块给自己尝尝，只能在外面闻一闻，她知道家里的人更需要用钱。

经过几年的打拼，功夫不负苦心人，高阳终于梦想成真了，而且她的梦想在不断壮大，因为她甜品店的甜品物美价廉，受到了很多人的喜爱，投资者也纷纷向她抛出了橄榄枝，一时间，大街小巷开满了她的连锁店。同时，她也收获了自己美满的爱情。

生活对于高阳来说，是残酷的。但是在遭遇了这些磨难的时候，高阳并没有让自己变得忧郁，她像向日葵一般展现出了自己极强的生命力，在逆境中拼命向上生长，带着阳光的心态去对待一切，最终命运也报以她丰厚的成果。

所以，别再忧郁了，那只会让你陷入无边的痛苦之中。试着做一个向日葵般温暖的女子，风来了就舞蹈，太阳出来了就欢笑，生活在你的面前，就会变得五彩斑斓。

激活体内的快乐细胞

安吉是一个特别乐观开朗的女孩，她的脸上总是洋溢着快乐的笑容。所有见到她的人都能被她所感染，仿佛所有不开心的事情都会一扫而空。大家都很惊奇，同样人，做着同样的事情，为什么她却能那么快乐？

她回答说：“其实，我觉得生活中的每一件愉快的事情，每一个美好的经历都能带给我快乐幸福的感觉。哦，上次我还和一个在天桥唱歌小伙子一起互动唱歌呢，那感觉真是太棒了。还有一次，我迷路了，居然被我意外地发现了一个美丽的薰衣草园，那是多么幸运的事情呀！”

大家都很喜欢安吉，因为只要有她出现的地方，那里便充满了欢笑，她就像一个天使，给所有人送来了快乐。

像安吉那样单纯地充满快乐感的人越来越少了。很多女人觉得快乐源自嫁了一个好男人而组建的幸福家庭，于是她们穷尽一生地去寻找。然而，从别人身上找快乐，像是倏忽即逝的火花，绚丽而短暂，因为你会变，别人也会变，没有人能保证给你一辈子的快乐。在几次伤心的经验过后，你才会发现原来你并不应该依靠别人给你快乐，因为快乐不是来自外部，而是来源于你的内心。

刘其是一个多愁善感、悲观且内向的女人，她觉得自己很可能这一辈子也就找一个和自己一样的人共度一生。虽然如此，但是她还是希望遇到一个能给自己带来快乐的人。

老天似乎听到了刘其的祈祷，有一天，在图书馆里偶遇了一个男人，后来他成了她的老公。刘其的老公是一个宽容大度、成熟稳重且总是笑呵呵的人，和他在一起刘其像变了一个人，她偶尔也变得快乐起来。刘其时常会想，以前的自己从来不知道快乐是什么滋味，自从和老公在一起以后，老公让自己找到了快乐。

然而，生活并不总是那么一帆风顺。结婚第二年，因为行业不景气，刘其老公的公司一直处于亏损的状态，供应商不断地前来要债，生产出来的产品没人要，因为拖欠了员工工资，员工还经常罢工。原来那个开朗乐观的老公不见了，换来的是整天唉声叹气、经常失眠、动不动就发脾气的老公，现在他还开始酗酒了，经常半夜三更都不回家。

刘其觉得天都塌了，她的心也跟着陷入了无边的郁闷之中。她又重新变回了那个多愁善感、悲观内向的女人。

两个悲观的人在一起，矛盾、争吵充斥着他们每天的生活。被相互折磨得筋疲力尽的两个人最终也没能逃出离婚的结局。

刘其把自己变成了地球，把老公变成了太阳。她通过接收太阳的光，让自己变得温暖，殊不知，当太阳被别的星球挡住了光线时，地球就会陷入无边的黑暗。所以，刘其只有让自己变成一个开朗的女人，才能给予自己真正的快乐。如此，她才能让周围的人也跟着快乐起来，从而让自己的老公能快速摆脱不良情绪的困扰，如此才能改写他们的婚姻结局。

心理学家西维尔指出："我们应该将自己的信心和热情投入到能够符合自己内在价值的目标中，因为这会给我们带来幸福感，而这种幸福感，也会以一种势不可当的力量覆盖到我们生活的方方面面。"

所以，一个内心充满着快乐细胞的女人，也许会为了家庭，做着一个高薪却并不能给自己带来太多快乐的工作；也许为了老公能吃上一顿你亲手做的美食，花了各种时间去研究你不太喜欢的菜谱……虽然这些可能会让你感到艰辛和劳累，或许还会让你感到些许不愉快，但是在你的内心深处，你是快乐的，因为你觉得这一切的付出都是值得的。

那么，我们应该如何让自己变成一个内心充满着快乐细胞的女人？

1.给自己积极的暗示

经常给自己一些积极的暗示，比如，虽然老公的事业现在不好，但是明天又一个新的开始，和老公一起加油，努力去做好每一天。然后每天做一件自己喜欢的小事情，先让自己快乐起来。

2.找到自己的兴趣

每个人多多少少都会有一定的兴趣爱好。好好想一想自己的兴趣爱好有哪些，然后选其中最感兴趣的一到两个兴趣来培养。兴趣爱好可以增加一个人的知识，还能开阔眼界，可以让烦躁不安的人静下心来，还能让人从中找到快乐。

3.要注意控制好自己的情绪

在你遇到不顺的事情或有不好的情绪时，时刻注意提醒自己要控制情绪。当你不确定自己能否做决定或办事时，先让自己停一下，等情绪稳定了以后再说。同时，要注意保持积极向上的情绪，让自己对生活充满热情与信心。

4.换个角度考虑问题

角度不同，想法就不同。凡事都有两面性，不要总是从负面的角度来看待问题，试着换换正面，你就会发现原来快乐可以这么简单。

5.要懂得欣赏自己

经常发掘自己的长处，有了自信做基础，快乐就会接踵而来。时常用欣赏的眼光来看自己，从现在起，微笑、大度、乐观，找一找从容淡定的感觉，创造愉悦的心情。

6.要学会乐于助人

乐于助人，即使是很小的一件事情，也能让你快乐一整天。你可以给自己列一个计划，每天做一件好事或每周做三件好事。在你帮助别人的同时，别人也会对你报以感谢，你也能从中找到快乐。

只要你用心做到以上几点，相信你很快就能激发体内的快乐细胞，从而让自己真正地快乐起来，让身边的家人和朋友也感受到你的幸福和快乐。

第六章

用爱经营，遇见更有情调的自己

一杯咖啡、一本书、一个窗台、一个你。

有情调的女人懂得安排好自己的一切，极会享受属于自己的美丽时光。

她们有自己的梦想，有自己的爱好，把日子过成了一首诗的模样！

做一个会放风筝的女人

很多女人结婚以后认为相爱的双方无论干什么事都应该一天24小时地粘在一起，而男人则觉得再相爱的两个人也需要有各自的空间。于是，双方的矛盾就产生了：男人总是抱怨女人管束自己太多，不能做自己想做的事；而女人则总是生气男人陪自己的时间越来越少，越来越不在乎自己了。

其实，这都是可以理解的。每个女人都希望自己能牢牢地抓住丈夫的心。但是男人就好比捧在手里的沙子，你握得越紧，那么它从指缝中流失得就越快，如果你只是随意地把它放在手里，反而会一粒也不掉。这就是婚姻生活的经营之道。

曾有人说："对男人要像放风筝，该收的时候收，该放的时候放。如果一个劲儿地用力拉或者舍不得放弃，那么再结实的风筝也会断线，等到线断的那一刻，你后悔也来不及了。"

有一对母女，母亲快五十岁了，女儿二十八岁。虽然两人年龄不同、对待丈夫和家庭的态度不同，但母女俩都被丈夫抛弃而离了婚。

父亲是做生意的，母亲则在家里相夫教子。虽然当时家里不富裕，但是父母亲的感情都特别好。后来，父亲的生意越做越大，赚了不少钱。但是，母亲担心父亲禁不住外面花花世界的诱惑，想起了朋友曾经说过“男人有钱就变坏”。于是，母亲强行夺过了父亲的财政大权，而且每天都把父亲盯得死死的。有时候父亲生意上需要应酬，母亲也要跟着去。每次父亲回来晚了，母亲总会先检查一遍父亲的衣服上是不是有别的女人的头发、没有香水味。走在街上，母亲发现父亲偶尔看了别的女人一眼，就开始没完没了的盘查拷问。

后来，父亲实在是受不了了，对母亲大发雷霆。母亲亦不甘示弱，反唇相讥，双方吵得不可开交。最终父亲忍无可忍，便弃她而去。

女儿十岁时父母离异，从父母失败的婚姻中，她觉得婚姻不应该看得太死，不应该没有空间，于是她走向了另一个极端。

女儿长大后也结了婚，丈夫是个性格外向乐观、热情奔放的人。吸取了母亲的教训的她从不过问丈夫的任何交际和工作。即使丈夫主动和她说起，她也对此毫无表示，从不搭腔。

后来，儿子出生了，她把自己所有的精力都倾注在了儿子身上。就在这时，她渐渐发现丈夫回家的时间越来越晚了，但是她依旧毫无怨言……这样的日子又过了一年，丈夫提出要跟她离婚。

“离婚？为什么？”她惊讶地问道。

“不为什么。我觉得我俩已经没有感情了。”丈夫很自然地说。

她变得迷茫了，为什么自己从来不管丈夫，给他足够的自由和空间，为什么他还会对自己感到厌烦呢？

其实，这对母女在婚姻中都犯了致命的错误。婚姻就像放风筝，抓得太紧，你的手可能会被拉出一条血红的口子，风筝就会断了线，会摔下来；但是如果一直放手，等风筝飞高了，飞远了，就再也回不来了。只有适当地松一松，紧一紧，如此才能把风筝放好。

爱一个人也是如此，往往越在乎、越紧张，就越要让自己学会适当放松，不要把男人看得太死，要给他一定的空间透透气，不然很容易把他憋死了。当然也不能太过放纵对方，给对方太多的自由，不然他会觉得你不在乎他，不需要他，那么他的心也会随着自由越飞越远了。

放风筝是一门学问，需要每个女人好好学习，真正做到熟悉你的风筝，做到收放有度。所以，女人们，赶紧操练起来吧，做一个会放风筝的女人，让你的男人在你手中欢快地飞翔吧！

学会享受一个人的时光

很多女人结婚以后就开始了自己贤妻良母的生活：打点一大家子人的吃喝拉撒，收拾家务，照顾孩子……恨不得一天掰成48小时来过。突然，哪天孩子老公不在家反倒不知道自己该做什么了，整个人像丢了魂似的。连轴转的生活已经让你有些麻木地适应了。与此同时，你也慢慢发现自己的情绪变得越来越怪异，而且婚姻生活也变得越来越枯燥乏味。

两年前，蒋超无微不至的关心和爱护感动了晓玉，于是两人很快就步入了婚姻的殿堂。然而，晓玉发现结婚以后的蒋超有一点儿大男子主义，家里的什么事都不管。

刚开始，勤劳善良的晓玉也觉得没什么，她认为女人干些家务活是很正常的事情，男人应该在外面闯事业。

后来，晓玉怀孕了，而且妊娠反应特别大，蒋超才开始做一些家务活。然而女儿一出生，他的“懒”病又犯了，对家里的事儿又不管不顾了。

晓玉觉得女人终究还是要以家庭为重，加上要照顾孩子又要照顾家，于是，她便把工作辞掉了，一门心思地做起了全职太太。

一边是家里的繁杂事务，一边是丈夫和女儿“衣来伸手，饭来张口”的需求，晓玉渐渐发现，全职太太才是最忙的工作，她已然失去了自己所有的时间，到最后，她连和朋友见面的机会也变得越来越少了，整个人完全被家庭的繁杂琐碎给淹没了。

最让晓玉无法忍受的是，她但凡有一点儿没做好，老公就责备她，而且他还理所当然地认为干好家务活、带好孩子是一个家庭主妇的分内事。他似乎已经忘了她有什么喜好和兴趣了，也不会关心她的情绪。晓玉也觉得自己已经沦为一个全职保姆了。

后来，晓玉发觉自己的脾气也变得越来越暴躁，心中总有一股怒火随时等待着爆发，动不动就和蒋超吵架，有时候还摔锅碗瓢盆，吓得孩子哇哇直哭，她也不知道自己到底是怎么了。

晓玉不想离婚，同时也觉得自己不能再这样下去了。经过苦思冥想，她终于意识到了问题所在，婚姻里也需要自由，需要有独处的空间来满足自己的兴趣，来思考人生应该怎么越过越好，这样的自己才最真实，最完整。

在和蒋超进行了一次深刻的交谈后，他们的婚姻生活发生了改变。每周，蒋超都要帮忙一起料理家务，每周末晓玉有一天的个人时间，两人建立起了更为平等自由的关系。

新办法实施以后，晓玉感受到了久违的开心、幸福，原来婚后的生活也可以这么过，她发现那个曾经充满着朝气的自己又回来了，她在每周一天的休息日里一个人看书、运动、插花、逛街、看电影，做一切自己喜欢做的事情。当然，现在的她已然脱胎换骨，变得更加有魅力了，而且整个家庭也回到了原先和睦、融洽、恩爱的样子。

就像晓玉一样的女人有很多，她们总是将家人的需求当成了自己的需求，长时间花精力在家事上，完全丧失了自处能力。她们把家庭放在第一位，为了这个家操碎了心，虽然疲惫却默默承受着一切。男人则可以理所当然地享受着，在外面和朋友们喝酒、吃饭、玩闹而无一点后顾之忧。这样的婚姻是不公平的，也是不会长久的。

幸福的婚姻，不是要一方不断地牺牲自我去成全对方，不是要一方一味地委曲求全，更不是一定要两个人要时刻都捆绑在一起，而是要彼此相爱却依然尊重对方，许对方一定的自由，保留各自的空间。

婚姻里最大的幸事无非也是如此：勇敢地争取独处空间，在爱里保留自我。所以，女人们，请抛开种种的忙碌：不要担心你不在，孩子就没人照顾；不要担心你不在，老公就没有饭吃；不要担心你不在，家务活就没人干……先让自己的身体得到休憩，让丢失的自我返归心中。没有人会更爱你，除了你自己，所以你需要更努力地取悦自己。

然而，很多女人说，我真的不知道该怎么去享受一个人的独处时间了，答案很简单：去做你喜欢做的事情，而不是为了谁、为了得到什么样的结果而去做的事情。比如，在这个独处的时间里，你可以来一次说走就走的旅行，远离喧嚣繁闹，回归自然，放松自己；你也可以一个人窝在阳台，泡上一杯咖啡，静静地看一本自己喜欢看的书；你还可以去KTV狂唱一天，宣泄自己所有的负面情绪，让你的心情和身体得到十足的放松；你可以去做个面部保养、身体护理……

不要觉得你是一个女超人，可以包揽所有的事情。让另一半帮你分担一部分，也是让他有更多的机会了解你的不容易，让他能和孩子多接触、多交流，这样将有利于孩子的健康成长和家庭的美满幸福。如此，何乐而不为呢？

请别丢了你的梦想

“我们吵架了，他不要我了！”王娜朝好友赵敏大声地哭诉着，泪水顺着她的眼角不停地往下流着，“曾经的我们那么相爱，发誓要一起白头到老的，他说他这一辈子会好好待我，绝不会亏待我，结果呢，这才几年呀，他就这么对我！现在的我，什么都没有了！”

赵敏安慰道：“他那是在气头上说的话，怎么可能不要你呢，两个人好好谈谈，说清楚就好了。”

“谈谈？他就是心里有鬼，压根就不敢跟我谈，现在他都躲着我，不想见我，他说他受够我了，已经不爱我了，他有别的喜欢的人了。他也不想想，当初我为了他，为了我们之间的爱情，我放弃了大城市一家大设计公司的工作，放弃了我成为时装设计师的梦想，不顾一切地和他在一起，全心全意地照顾他和这个家，我就想好好当一个幸福的女人，做一个他的好太太，在家相夫教子。而他呢，他就这么对我，他的良心过得去吗？”

很多女人都和王娜一样，为了爱情放弃了自己的梦想，结果当两个理想都破灭的时候，她们变得不知所措了，开始悔不当初：为了爱情，放弃梦想，多么愚蠢的决定啊！

随着光阴流转，你将不再年轻气盛、激情满怀；岁月更迭，你将不再梦想缤纷、容易冲动。柴米油盐的琐碎让你变得对自己不再有任何更高的期望，你开始容许自己不再学习、不再进步、不再成长。如此的你一旦婚姻不如意，就会发现自己已经不再是当初的自己，梦想也成了高不可攀的海市蜃楼。

不要相信男人说“心疼你在外工作辛苦”“我养你”这类的鬼话，说的时候他可能是真心的，但是人都是善变的，万一哪天他又变卦了呢？所以，作为一个女人，千万不要丢掉自己的梦想。

吉胡·阿莎曾说过这么一句话：“生到这个世上，第一我是女人；第二我是母亲；第三我是一个追求梦想的人。”如果你希望在婚姻中得到尊重，那么你先得让丈夫看到你是值得被尊重的；如果你期望孩子独立自信，那么你先得让孩子看到你是独立自信的；如果你希望岁月不让你日益灰暗，那么你先得让岁月听你的安排、赋予你光彩。这就是梦想对于女人的价值和意义所在。

在追求梦想的过程，可能充满了艰辛，但是它会让我们很快乐，让我们变得越来越自信、美丽。我们不一定都能实现梦想，但我们为自己的梦想努力拼搏过，那种冲刺的快感会成为我们一辈子的美好回忆，而且在向梦想奔跑的路上也会让我们逐渐成长为独一无二、勇敢自信、魅力十足的女人。

孙晓结婚以后就一直在家待着。虽然是全职妈妈，但是日子也过得很忙碌，没一刻清闲的时候，但是她总觉得心里好像缺点儿什么。

有一次，她听到邻居家的大人在打孩子，就想过去劝一下，邻居生气地对她说："我们家这孩子太淘气了，每次只要看到大人的手机，他就喜欢把它们扔进鱼缸里，为此我们说了他好多次，就是不听。没办法，只能揍了！"

孙晓走到小孩子身边，一边摸着孩子的头一边用孩子的语气问道："宝贝，你能不能告诉阿姨，你为什么喜欢把爸爸妈妈的手机扔进鱼缸里呀？是想让小鱼也打电话吗？"小孩摇摇头说："阿姨，我觉得很奇怪，为什么手机扔进鱼缸里就会有'咚'的一声，而且还会'咕噜咕噜'冒泡呢？真是太好玩了！""哦，原来如此呀，你真是个非常善于观察的小朋友呢！那你和阿姨一起来解答这个问题吧！"说着，他们俩就研究了起来。从那以后，邻居家的小朋友再也没有把手机扔到过鱼缸里了。邻居为此向孙晓连连道谢。

孙晓突然觉得自己很善于和小朋友沟通，而且针对孩子的一些问题，她都能妥善地解决。孙晓觉得是时候让潜藏在内心深处的梦想种子开始生根发芽了。于是，她主动去报了一个心理学专业课程，并获得了硕士学位。后来，她又考了心理咨询师、催眠师等。

经过几年的努力，孙晓开办了自己的心理咨询工作室，而且生意也是越来越好，同时通过不断的学习，她也让自己变得更加自信、职业和严谨。

有一天，孙晓发现老公回家时手上捧了一大束的玫瑰花，这令她惊讶不已，结婚那么多年来，老公还是第一次主动给自己买花。老公感慨地说："亲爱的，说实话，从你刚开始学习的时候，我是有点反对的，没想到你越学越起劲。而且我发现现在的你变了好多，变得越来越善解人意，越来越美了。今天是你的生日，我们一起出去好好庆祝一下吧！"

孙晓激动地流下了眼泪："老公，谢谢你的支持，才让我一步步认清了自己的梦想，活出全新的自己，我真的也比以前更喜欢现在的我了！"

孙晓是幸运的，她在婚姻中找到并实现了自己的梦想，而且她的婚姻也变得愈加幸福。

女人们，不要以为嫁了人，你就找到了终身的依靠，从而放弃自己的梦想，其实梦想和婚姻并不冲突，有梦想的女人，梦想会赋予你更多，让你变成更优秀的你，所以千万不要被爱情冲昏头脑而迫不及待地丢盔弃甲，放弃坚持。

试想一下，结婚以后的你还拥有梦想，这是一件多么幸福、多么酷的事情。每天早上醒来的时候，你都会精神饱满，因为你知道一生中最辉煌的时刻在你的努力下即将到来。所以，记得时刻告诉自己：我的人生，需要婚姻，更需要梦想。

用书香来装点你的生活

或许你曾经见过不少这样的女人，她们很少化妆，但是你会不自觉地被她身上独特的气质所吸引，被她们渊博的知识所折服，被她们锐智的见解所钦佩……所有的这些都源于她们身上散发出的一种浓浓的书卷气、书香气的魅力。

台湾著名作家林清玄曾在《生命的化妆》一书中说女人化妆有三层。其中第二层的化妆是改变本质，让一个女人改变生活方式、睡眠充足、注意运动和营养，多读书、多欣赏艺术作品、多思考，可以让女人对生活保持乐观的心态。

有书香气的女人，有一种渗透到日常生活中的不经意的品位，谈吐中超凡脱俗；有一种聪慧的机智，让人叹服；有一种气质高雅，而又不失韵味；有一种无须修饰的清丽，像水一样柔软，像风一样迷人。它可以让女人由内而外地丰富自己。这才是女人真正的无价之宝，是女人美丽的源泉。

仔细观察喜欢读书的女人，一般都是知书达理的。知书达理的女人，才能懂得与人为善，才能博得其上司、同事及家人和朋友的认可。一个懂得读书的女人，她们的生活一般都比较充实，虽然有时也有那么一些女人看起来外在形象欠佳，但是透过她们的外表看其内在，却能发现她们的内在相当成熟、稳重、自信、有内涵、有气质，散发着一种迷人的魅力。

晓畅博士毕业后嫁给了同学陈刚，另一位学霸，两个人都特别喜欢看书。刚结婚的两人没有置办太多的家具，唯独在客厅放了一个大大的书柜，上面摆满了各式各样的书。

每当吃完晚饭，两人便开始了“夜读生活”，各自看书，然后看到有意思的或是不解的就相互交流、探讨，书已然成为他们生活中的一部分了。陈刚说，自己当初看上相貌平平的晓畅，也是被她那浓浓的书卷气所吸引，感觉难得碰上个“臭味相投”的人。

因为陈刚的工作比较忙，需要随时飞全国各地，晓畅就当起了他的兼职秘书，帮他提前安排好所有行程，订好来回的机票，准备好各种旅行必备用品，做好各个注意事项备注……陈刚觉得有了妻子的帮忙，自己的工作也变得更加有条理了，不需要为杂七杂八的事情分心。

当陈刚遇到一些烦心的事情时，晓畅通常会在他身边静静地听着，在恰当的时候，她也总能提出非常好的建议。

陈刚总是感慨：“有妻如斯，夫复何求！”

普希金曾说过：“书籍是我们的精神食粮。”如今，随着快节奏生活的加剧，人们的心也变得越来越浮躁，心灵空虚的人也甚多，然而有书相伴的女人却不会感到枯燥乏味。她们的精神是富足的，心灵是平静的，对生活也是充满热情的。

所以，去挑选自己喜欢的书来阅读吧！用一颗豁达的心去读书，去体味书中的微妙之处，汲取书籍中的养料。当女人把读书当成是生活的一部分，一种生命要素，一种生存方式时，她便已然变得聪慧，变得坚韧，变得成熟。

要知道，心灵的滋润远比包装外表更重要。和书籍生活在一起，永远不会感到孤单，因为它们是你最忠实的朋友。所以，闲暇之余，打开一本书，让油墨香弥漫四周，在静静地独享这美妙的书香中，让自己变得更加有情趣，有韵味，有气质，有智慧。

打造一个温馨的港湾

都说“有女人的地方才是家”。因为聪明的女人懂得把家打造成一个温馨的港湾，让男人在累了倦了的时候有休息的地方，在受伤的时候有感受温暖的地方，如此，家才是有幸福味道的家。

唐贝与米娜刚结婚的时候通过自己之前努力积攒下来的钱买了一个二十来平方米的房子，虽然房子小，但是米娜还是精心装扮了房子，因为她觉得家就是港湾，一定要温馨、温暖。

于是，米娜和唐贝二人亲手粉刷了房间，亲自挑选了家具。她知道丈夫爱看书，就在迷你阳台上放了一个小沙发，摆了一个小书柜，阳台上还挂了不同种类的绿色植物和鲜花。她还买了各种可爱温馨的贴画，贴在卧室里、厨房里、厕所里。她让这个小屋里的每一寸空间都弥漫着浓浓的爱意。

后来，唐贝因为工作努力，他的职位不断地被提升，他们的经济条件也越来越好，换上了大房子。但是她发现随着丈夫的官越来越大，他的压力也越变越大，还经常为了工作上的事情忙到很晚才回家，每天的神经都绷得紧紧的。有时候，他把工作上的情绪带到家里来，对米娜发脾气，但是米娜总是迁就他。每天晚上，她都会给他热好牛奶，打好泡脚水，放一些轻音乐来舒缓他紧张的情绪。她还时常开导他：“老公，你已经很优秀了，没必要把自己搞得那么紧张，我相信你一定会解决好的。再说，对我来说，你才是最重要的，事业再突出，我也不想你以牺牲健康为前提。”米娜的话就像涓涓清泉，总能让唐贝烦躁的心平静下来。

米娜知道，丈夫太不容易了。因此，在家里，她从来不给他增加任何心理压力，她的心中只有一个念头，那就是“为丈夫营造一个巩固安定的后方，让他工作得放心、舒心、安心”。

有一次，唐贝在工作上遇到了困难，承受着很大的心理压力，他脸上的笑容不见了，取而代之的是淡淡的忧郁、紧锁的眉头。回到家里，他唉声叹气，寝食难安。米娜不知道该说什么来安慰他，因为一切的安慰都显得那么苍白无力。于是，晚饭后，她提议大家一起去院子里玩撕名牌的游戏。在相互追逐嬉戏中，唐贝的压力在逐渐被释放；在孩子的笑声中，他也被带动着笑了起来。

家是一个男人的归宿、避风港和加油站，不管他在外面如何风光，如何颓废，家都是一个能让他安心休息的地方。如果没有这个温馨的港湾，再有激情的男人也会被折磨得焦头烂额，再能干的男人也会感到空虚乏味，再有成就的男人也会感到寂寞孤独冷。

作为洛杉矶家庭关系协会会长的保罗·伯派诺博士说："面临激烈竞争的现代人，男人们的工作不可能像野餐那样轻松愉快，所以，从出了公司大门的那一刻起，他们最向往的就是回到安宁舒适的家里。家是男人最后的栖息地。妻子们应该让他暂时摆脱工作的烦忧，完全享受着家庭之乐。

"在公司里，所有的人都在想方设法地找出他的错误。但是，家里却有一位天使能发现他的美好所在。一位好妻子不会用自己的事情来增加丈夫的烦恼，也不会给他带来任何麻烦。她能抚慰他的心灵，恢复他的精力，让他心情愉快，让他在第二天早晨精力充沛地走出家门。能够营造出这种家庭气氛的妻子已经完全尽到了妻子的职责！"

小邻是一个有洁癖且万事都追求完美的女人。她会把家打扫得一尘不染，把东西摆放得有条不紊，在外人眼里，她就是一个很棒的家庭主妇。

然而，出乎所有人的意料，小邻的老公在外面养了一个小情人，而且那个女人远不及小邻漂亮、聪慧、能干。

原来，虽然小邻有那么多优点，但是她在这么要求自己的同时，也这么要求他的老公和孩子。每天，老公在外面忙得要死，回到家，还要进门必须先脱鞋、洗手、洗澡、换上居家服后，才能坐下来或躺到床上去。每次他想吃点儿什么零食，也都要遵守各种要求。比如，吃的时候，必须坐到指定的凳子上去，不能玩手机，不能掉渣，吃完必须及时清理桌面。家里的东西，动了，就必须放回原位……家里的规矩简直比单位的还多，要是没做到，小邻就会摆出一副臭脸。小邻的老公觉得家难道不应该是一个放松身心的地方吗？自己怎么完全没有感觉到它的温暖呢？

直到后来，他遇到了一个特别的女人。那个女人在家里对他没有任何要求，她的家虽然不是特别大，却布置得很温馨，很有情调，他可以随意地躺在任何他愿意躺的地方，做自己想做的任何事情。他把工作带回来做时，她会给他烹一壶好茶，一边看书一边在旁边静静地陪着他。他要是烦恼的时候，她会陪他一起窝在沙发里看一场喜剧电影。他要是累了的时候，她还会给他按摩。如此一比较，小邻的老公当然更愿意和外面的这个女人在一起了。

小邻可以有洁癖，可以对家里的布置有要求，但是不能太过分，毕竟家是为人服务的，一个人只有回到家后感到舒适、放松，那才是真正的港湾。如果回到家还是让人感到负累的话，那家也就不是家了，它只是你晚上睡觉的客栈而已。

其实，温馨的港湾有时候不需要太大的地方，太豪华的装饰，也不需要太整洁的环境，它只要能让你和家人的心能感到安定就够了。毕竟让你们的笑声和爱充满屋子的每一个角落，那才是温馨港湾——家的真谛。

培养自己的兴趣爱好

一条马路边有一个漂亮的花园，很多人经过这个花园的时候，都会情不自禁地被它吸引而停下匆匆的脚步来好好欣赏一番，因为这个花园实在是太漂亮了：花园里，不但有五彩斑斓的“花中皇后”月季，清香醉人的白兰花，粉红娇艳的桃花；还有貌似彩蝶的蝴蝶兰，幽雅淡紫的紫罗兰……简直让人眼花缭乱，数不胜数。

这个花园的园丁是一个年过七旬的女人。她把这个花园照看得很好。一年四季，花园里总是一副美好宁静而又充满生命力的样子。

一个过路人看着女人忙忙碌碌的样子很是好奇，他情不自禁地上前去问她：“您都这般年纪了，也该享享清福了，整天还这么忙碌，难道不累吗？”那位老人回答道：“因为我喜欢花，这一直是我想做的事，能够干自己喜欢的事情，而且可以每天与‘春天’在一起，快乐都来不及，怎么会感到累呢？”

看到她神采奕奕地说着，路人才真正看清楚女人的脸。虽然已经年过七旬，但是她看上去比实际年龄小了十多岁，在花团的簇拥下，她显得格外有韵味。

生活就是一杯白开水，需要你不断地往里面放各种调味料才能变得丰富多彩，美滋美味。有人说：“不要放弃自己的兴趣爱好，那是上天赐予女人的礼物。”因为它是一种不可或缺的生活调剂品，可以让你富有激情、充满朝气，同时还能让你看见生活中的美好，找到生活中的乐趣，并为你带来一段属于自己的美丽的愉悦时光。

然而，很多女人一结婚就渐渐失去了自我，失去了自己的兴趣爱好，整天围着老公和孩子转。结果每天当老公和孩子在不断进步的同时，女人却在平淡、枯燥、乏味的生活中混日子，甚至大踏步地往后退。最后，女人发现自己和老公的共同语言越来越少，猜疑和不信任充斥着这个小家庭，让它失去了继续走下去的动力。

所以，婚后的女人们，请不要小看兴趣爱好的重要性，不同的兴趣爱好可以体现出我们不同的品位，给我们的生活增添新的情趣，让生活保持丰富多彩。其实，兴趣爱好的意义并不在于你学会了某一样东西，而是给面对生活中的各种压力和劳累的自己找一个世外桃源，独享其中无穷无尽的乐趣。在尽兴地投入其中时，它会让你忘记工作和生活中的琐碎、压力和烦恼，是让你度过闲暇时间的一种很棒的方式，是让你获取丰富知识、陶冶情操的一个有效途径，也是你寻求快乐的一把神奇钥匙。

珊灵是一个事事追求完美的人，对于自己的生活和工作，她都想达到最完美的状态。虽然之前她是一家创业公司的普通职员，但是经过几年的努力，终于做到了主管的位置，当然，她也为此付出了很多。

每天四点多，她就要起床收拾屋子，负责一家人的早饭，再送孩子去上学。工作上，她也是尽心尽力。为了能让自己以最快的速度晋升，她时常加班到深夜。当她回家时，老公和孩子早已进入了梦乡。每天忙忙碌碌的她就跟打仗似的，没一刻空闲的时候，但她觉得这一切都是值得的。

直到有一天，她照镜子发现镜子里的自己已然变了一个人：不修边幅的她，皮肤不再细腻光滑，脸上的皱纹也多了好几条，连自己曾经引以为傲的乌黑亮丽的秀发都开始大把大把地掉，身体健康状况也大不如前了，非常容易生病。

于是，珊灵开始反思自己：自从结婚以来，特别是生完孩子以来，她想要给孩子一个更好的未来，想替老公多分担一些，不用他那么辛苦、拼命地工作。连轴转的生活和工作压力已经把她压得快喘不过气来了。是的，此时的自己已经迷失了。

回想起曾经单身的自己，多么自由，多么洒脱，无忧无虑地尽情享受着生活。那时的她周末喜欢约三五好友一起去爬山，感受大自然的无穷魅力；一周会去听一两场音乐会，感受音乐带给自己的一次心灵旅行；每天画几幅漫画，把当天发生的事情用幽默的笔触呈现出来；喜欢拉小提琴，曾经的自己还荣获过市里组织的小提琴赛的冠军呢……

珊灵终于知道自己的问题出在哪里了，曾经兴趣爱好广泛的自己已经消失了，现在的自己就是一个麻木的、不停工作的机器罢了。她决定再也不能这样下去了，得找回自己的兴趣爱好。

没过几天，珊灵就向老板递交了辞呈，虽然这份工作让她很忙碌，但这并不是自己最喜欢的工作。现在的她和朋友合伙开了一家花店咖啡书吧。在她的这家店里，你可以在花香中品着美味的咖啡安静地看着自己喜欢看的书，有时她还会给客人们即兴表演一段自己的小提琴。虽然没有以前的工作赚得多，但是她有了更多的时间去重拾自己的兴趣爱好，去更好

地爱自己。她认为，这就够了。

珊灵是幸运的，因为她及时地知道了工作和家庭并不是自己生活的全部，完美的人生需要有兴趣和爱好来点缀。当我们有了悦己的兴趣，即使没有男人相伴，即使沦为孤家寡人，也不会太孤单，总有那么一两样兴趣爱好让我们自得其乐，让我们孤芳自赏，让我们加倍宠爱自己。

当我们感觉萎靡不振时，不妨去看一场电影吧！在电影里，你可以体验不同的人生，感受不同的情感，以此来完整自己的人生，提升对生命的认识。当我们想舒缓自己毛躁的心绪，让自己的心态变得平和时，不妨去练练书法、学学画画。因为书法、画画的特点就是“用心”和“心平”，长时间练习书法、画画，可以陶冶一个人的性情，进而影响你的生活态度。当我们为皱纹已然慢慢爬上眼角而感叹青春易逝时，不妨去健身吧！跑步、游泳、瑜伽等都是很棒的选择，这些运动不仅可以让我们四肢灵活、身体柔韧、步态轻盈、皮肤红润，还可以帮助我们释放淤积在心里的不良情绪，在内外兼修的基础上，让我们变得更加完美。当我们在奔波忙碌中身心俱疲时，不妨背上行囊，来一次说走就走的旅行，在欣赏美景的同时，去了解这个广博的世界，让我们被城市污浊的空气所“浸染”的灵魂重新变得清新起来……

所以，在繁忙的工作之余，女人应该有属于自己的一片小天地。这是女人的忘忧谷，徜徉在这里，女人的身心能得到完全放松，她们可以做自己喜欢的事，发展一些自己的兴趣爱好。要知道，拥有兴趣爱好的女人生活得丰富多彩，人也会变得更开朗，婚姻也会变得更幸福。

第七章

要幸福更要性福，

遇见更『知性』的自己

爱情是身体和灵魂的合二为一，美好的性让婚姻更幸福。然而，没有性会让婚姻亮起红灯。所以，聪明的女人们，要想婚姻幸福，千万不要使用性惩罚，而是要让自己变得更『知性』，如此才能让婚姻更美满。

有爱有性，才有幸福婚姻

有人说："男人总是先有性再有爱，因为只有当女人完完全全地成为他的人之后，他才会把自己的一颗真心交给她；而女人则是先有爱再有性，因为只有当她们真正爱上男人之后才愿意把自己的身体交给他。"我们且不论这个观点是对是错，但有一点是不可否认的，那便是爱和性是分不开的。

有人曾对此做过一项调查，发现每周保持一定的性生活的夫妻的幸福指数更高。性对夫妻双方身体和情感的益处主要有以下十点。

第一点，它是提供夫妻共享时间的最好方式。

第二点，它能让夫妻之间的关系变得更亲密。

第三点，它是一种很好的锻炼方式。

第四点，它能帮助双方忘记烦恼、释放压力。

第五点，它可以增进双方的相互信任。

第六点，它能有效减少夫妻间的争吵。

第七点，它可以提高男人的自信心。

第八点，它能给双方带来快乐。

第九点，它会给人带来积极的情绪。

第十点，它能有效减少一些疾病的发生。

所以，健康和谐的性生活，是协调夫妻关系的桥梁，是夫妻关系的润滑剂，完美的性生活会使夫妻生活更加甜蜜、美满与幸福。

著名心理学家约翰·沃森说：“性应该是整个婚姻生活中最关键、最重要的事情。很多对婚姻关系进行过研究的人发现，性是导致婚姻失败的最主要的原因。”著名性研究学者强斯也曾经说过：“众所周知，性是生活中最主要的问题。很多男女是因为它才导致家庭关系破裂的。”

被外人称为“白骨精”（白领、骨干、精英的缩写，简称“白骨精”）的张君已经三十五岁了，一直都没找到合适的男朋友，结婚更是遥遥无期。朋友都说是她的完美主义害了她，她却不这么认为。她觉得婚姻是一辈子的大事儿，必须找一个自己喜欢的，而且两人能聊到一起去的才行，正所谓“好饭不怕晚”嘛！

经过一段时间的各种相亲过后，张君终于找到了自己心目中的白马王子陈易格，博士毕业，在一家世界五百强企业工作，有车有房。两人一见钟情，很快就步入了婚姻的殿堂。

然而，婚后的生活并不像张君想象中的那般美好，两个人的分歧逐渐显现出来了，开始有了不和谐的音符，特别是在对待性的问题上。张君喜欢纯粹的爱情，她觉得只要两个人能达到精神上的契合、理解、相爱，那才是最重要的。对于性，她并不是那么热衷，甚至认为在婚姻里那是可有可无的东西。而陈易格却认为性和爱一样，是婚姻生活中必不可少的一部分，它是夫妻情感的加油站，能让双方的感情不断升温。所以，新婚燕尔的他们经常会上演这么一出戏码：陈易格兴冲冲地洗完澡，准备上床和老婆温存一番的时候，张君或是装出一副很累的样子，或是直接把他推到床边，然后给他一个冷冰冰的后背。

刚开始，陈易格以为张君是害羞，后来才发现她是真的不喜欢。两人沟通也沟通了，吵也吵了，最终还是没能达成一致的想法。没过多久，张君便发现老公总是以加班为借口，回来得越来越晚了，有时候就干脆不回来了。

张君想不通不就是性吗？有这么重要吗？为什么现在老公对自己完全是另外一副态度：他再也不陪自己聊天聊到半夜不睡觉了，也对自己失去了耐心。她甚至开始怀疑那个曾经口口声声说会爱自己一辈子的男人去哪儿了？但是，自己辛辛苦苦找了这么多年才找到的如意郎君，她不想那么快放弃，因为她知道，迟早有一天，老公会回心转意的，毕竟两个人在精神上是那么默契。于是，她决定隐忍下来，在外人面前一直表现得恩爱有加的样子。

直到有一天，陈易格突然约张君一起到外面吃晚饭。张君高兴极了，以为是老公知道悔改了，想两个人好好过日子了。打扮得漂漂亮亮的她提前到了约定的饭店，结果却看见老公挽着另外一个女人的手走了进来，原来他是来和自己摊牌的。老公说，他已经无法忍受这样的婚姻了，希望张君能理解自己。最后，他坚定地递给了她一份离婚协议书。

其实，张君一直都没有明白这一点：性生活的不协调，也是造成夫妻感情不睦的导火线。

无论是男人或是女人，一定要知道，爱与性是男女之间情感的催化剂。性是婚姻生活中夫妻双方重要的精神沟通方式。如果说爱情是婚姻的支柱，那么性爱就是爱情的根基。夫妻之间的拥抱、亲吻、抚摸以及发生性关系，所有的这些都是爱的表现，也是爱的语言。它能使妻子更清楚地明白丈夫的爱意，同时，也能让妻子更加清楚地体会到爱的愉悦。

千万别再忽视性在婚姻生活中的重要作用了！要知道，婚姻中缺乏“性福”是一件很危险的事情，它会让你们的爱情乃至婚姻亮起红灯。聪明的妻子们，如果你想让自己的婚姻幸福，想让家庭变得更加美好，那就多增加一些这方面的知识吧。

和谐的性爱源自良好的沟通

无论是在生活中还是工作中，每个人都离不开沟通。对于婚姻，同样如此。因为沟通的主要作用在于增进彼此的了解，消除误解，进而达到加深彼此之间感情的目的。

良好的沟通，说起来容易，做起来难。在现实生活中，很多夫妻连日常的基本沟通都存在问题，更别提性生活方面的良好沟通了。而且有许多女人不愿意与自己的老公谈论有关性方面的问题的原因是觉得那是一个令人难以启齿的话题，会有损自尊和自己的形象，会让老公觉得自己很轻浮。由此导致夫妻双方虽然同床，却并不能真正了解对方的需求，不知道对方喜欢什么和希望得到什么，从而很难使双方产生足够的性兴奋和性快感，最终达到性满足。

张翕然和徐帅经过一年的恋爱，终于结婚了。刚住在一起，张翕然觉得徐帅貌似并没有自己想象中的那么喜欢自己。因为每次临睡前，徐帅都会和她聊一会儿天，然后亲亲她，便和她说：“亲爱的，早点儿睡吧，明天还要早起上班呢！”难不成自己没有足够的魅力让老公对自己有“非分之想”？张翕然开始怀疑自己，但是她不敢去问老公，怕自己得到肯定的答案。

经过一周的胡思乱想，张翕然觉得以后两个人的生活要这样过的话，简直是太可怕了。在结婚之前，她就计划着婚后马上要一个小孩，因为自己的年纪也不小了，而且自己还那么喜欢小孩子。于是，张翕然鼓起勇气，决定要和徐帅沟通一下。

那是周六的晚上，两人又躺在床上聊天。张翕然将头枕在老公徐帅的胳膊上，轻声地对他说：“老公，你是不是不是特别喜欢我？”徐帅感到很奇怪，回答道：“为什么那么问呢？我当然是喜欢你才娶你的呀！”张翕然羞红了脸支支吾吾道：“那……那……那你为什么只会抱抱我，最多也就是亲亲我，为什么……不……不喜欢和我……那个？”徐帅愣了一下，他没想到老婆居然会问这个问题，他赶忙解释道：“不是的，老婆，我是真心喜欢你的，不然怎么会选你做我亲爱的老婆呢！首先我要向老婆大人你说声‘对不起’，因为最近我手头上有个项目很关键，领导很重视，我自己也很紧张，怕出问题，所以脑子里那根筋一直绷在这上面，忽略了对老婆的关心。很感谢你能这么坦白地和我说，不然我还意识不到自己的问题呢！嘿嘿，怎么？你这小脑瓜是不是担心你老公是性冷淡呀？好吧，朕今天就翻爱妃的牌子！”说完，徐帅便将张翕然拥入了怀中……

张翕然最终和徐帅又恩爱如初了。后来，徐帅和张翕然达成了一致的意见，那就是今后无论遇到什么事情，两个人都要好好沟通，不要自己一个人憋在心里胡思乱想，不然小矛盾迟早会引发成大矛盾的。

性爱是婚姻生活中不可缺少的行为，但要想得到完美的性爱并不是一件容易的事情。因为男人和女人对各自的性冲动和性认识上存在很大的差异。有些女人在结婚以前根本就没有过性经验或经验甚少，结婚后她们有时候只是为了尽到妻子的义务，配合丈夫完成一项任务而已，当男人乐此不疲地陶醉其中时，女人们却没有体验到那种愉悦。而当男人知道女人只是在假装“性福”时，他也会有很强的挫败感。

所以，“性福”是双方的权利，只有当两个人共同体验到性的乐趣时，才能促进夫妻感情、提高夫妻生活质量、增加家庭的欢乐气氛。这时，夫妻双方才能在甜蜜幸福的“性途”上携手同行。

可见，夫妻在性爱中进行交流是保证性生活和谐美满的一条重要秘诀。

夫妻间如果能经常谈论自己的性生活问题，就能及时地了解双方的想法和意见，从而使性生活变得更默契，使夫妻生活变得更加和谐美满。这是夫妻间性心理的需要，也是夫妻间性生理的需要，更是加强夫妻感情、建立美满幸福家庭的需要。

女人们，请收起你们不必要的担心，学会与丈夫沟通，了解对方需求，提出自己的意见，这样便能让你们变得更亲近、更“性福”。

千万不要用性来惩罚男人

很多女人和老公吵完架，就喜欢用一种惯用伎俩——性惩罚，来让老公为自己的行为感到后悔，或迫使他承认错误，或威胁他屈从于自己。其实，这是极其不明智之举。刚开始，老公可能会无奈地表示出顺从。但是时间一长，你就会发现，这一招并不好使。而且性惩罚还带有很大的危害性，它可能会成为影响你们夫妻感情，造成性生活不和谐，甚至造成性功能障碍，最终成为导致家庭悲剧的重要原因之一。

赵凯是某房地产公司的一个项目经理，出差对于他来说是家常便饭。妻子刘瑞对赵凯是各种不放心，生怕他被别的女人勾引了去。但是赵凯和她再三保证，自己爱的就只有妻子一人，不会在外面乱来。将信将疑的刘瑞最终还是没能放心，经常问丈夫身边的同事有关他的一切事情。

有一次，刘瑞得知赵凯在去周边城市出差时，经常护送一个女同事回家，这令她很是不高兴。但是她没有立即给丈夫打电话，而是想着老公能主动和自己坦白。结果等赵凯出差回来了，也未听得他有只字片语的解释。绷不住的刘瑞当即就对赵凯大发雷霆，询问女同事的事情。

赵凯一脸无辜地说："是，那就是我们的一个普通同事。""普通同事？至于你那么体贴入微地车接车送吗？你以为你是护花使者呀？你们俩一定没好事儿。"刘瑞没好气地大声吼道。"真的是普通同事，只是人家怀孕了，我看她一个人挤地铁多不安全呀，所以才想着送送她。毕竟大家同事一场嘛！再说很多出差中需要接洽的事情都要靠她呀！"刘瑞依旧不依不饶地说了一大堆，赵凯只能受着，他觉得她把气都撒出来也就会好了。

晚上两个人躺在床上，赵凯握着刘瑞的手说："老婆，别生气了，我最爱的还是你。"说着，就想和老婆亲热一下。结果刘瑞一把打掉了赵凯的手，还拒绝了他的要求，把他赶到客厅去睡。刘瑞想让他认识到自己的错误，主动跟自己诚恳地道歉，并保证以后再也不会犯类似的"错误"。

长期的性惩罚让赵凯觉得刘瑞简直就是无理取闹。结果，几个月以后，不肯认错的赵凯真的如刘瑞的"愿"，出轨了。

妻子刘瑞虽然是由于自己的"胡思乱想"导致了怨气难平，但是她放弃了沟通的方式，而是选择把"性惩罚" 当成了惩罚老公的武器和手段。其实，在婚姻当中，难免会有种种的矛盾，过于计较只会让其产生更多的矛盾和抱怨，如果女人们再利用性爱来对老公进行惩罚，就会使性爱这种原本很美好的享受产生了负面作用。更何况，性惩罚不仅不会让丈夫认识到错误，反而会对丈夫寻找外遇起到推波助澜的作用。刘瑞的故事就是一个很好的证明。

其实，性和谐是夫妻之间维持感情的重要组成部分。很多女人之所以会频繁地用这一招是因为她们并不懂得性惩罚的危害。要知道，长期的性惩罚，会对夫妻的心理和生理造成不必要的损伤，最终会危及两人的婚姻。

有人曾总结了性惩罚有可能带来的损害，主要有以下几种。

1.性惩罚会增加各种疾病发生的可能性

夫妻之间如果不能正常地过性生活，长此以往会诱发男性精囊炎、前列腺炎、睾丸萎缩等，失去生精功能，对性功能有一定的影响。

2.性惩罚会导致一方产生性压抑

性压抑会促使大脑兴奋与抑制失去平衡，并影响多种器官产生功能性障碍，如失眠、食欲不振、乏力、记忆减退等。

3.精神与情绪上的失常

长期遭受“性惩罚”的丈夫会经常情绪低落，组织器官血液循环缓慢，可导致食欲不振、消化不良等。

4.感情裂隙加大

夫妻性生活越和谐，夫妻间的凝聚力越大。而“性惩罚”必然带来性冷淡、性疏远等不良后果，而且会加重对方对自己的报复心理，从而导致夫妻关系恶化，为第三者插足留下可乘之机。

每个女人都希望自己的婚姻幸福，都想获得老公足够的爱。但是，女人要时刻告诫自己，用性惩罚来惩罚对方的过错，这个做法是极其愚蠢的，也是自己不成熟的体现。因为它是在用否定两人婚姻关系的方法来获取的爱，这无疑是在牺牲自己来赌幸福。要知道，这样换来的幸福也不会稳定、长久，同时也为丈夫的另寻新欢打开了方便之门。

如果不想让幸福在你手中溜走，那么请放下“性惩罚”的武器，相互之间多一些沟通、理解和包容，如此，你们的婚姻才会越来越幸福。

做个性感的女人，让婚姻生活更加甜蜜

现如今，性感已成为女人美丽且古灵精怪的象征。当然，首先我们要澄清一点，那便是性感不等于暴露，更不是搔首弄姿，它是一种更深层次、更立体地在举手投足间展现出来的个人气质、内在智慧和独特魅力的方式，它不是以挑逗异性为目的，但是它却可以呈现出迷人的特质。

性感的女人有一种独特的韵味，随着岁月的流逝，她们宛如一壶醇厚的酒，虽然已不复往日的风采，身材也变得不再玲珑，却在不经意间持续地散发出更加深沉、浓郁的香气，令人忍不住想好好品味一番。

性感的女人在人群中，绝对不是最美丽的，但是她们从骨子里就透露出了一种独特的女人味。

所以，如果你真的想让你的婚姻幸福，让他为你着迷，那么就请你重新端正自己的态度，在他面前做一个性感的女人。

沁沁在一家公司做高级主管，手底下管理着好几百号人。工作时，她严肃、认真、职业，老板也非常喜欢他的这位得力干将。

然而，只要一回到家，沁沁就像是变了一个人。特别是在老公面前，她成了一个十足的性感女人。白天在单位上班都穿着职业装，把头发绾起来，一副干练的样子；而晚上她也会精心打扮一番，随意披散着秀发，穿着或是性感的吊带裙，或是舒服柔软的丝绸睡衣，抑或是老公的大号衬衫。如此可人的爱妻，时常会让正在干别的事情的老公想入非非，把持不住。老公尤其喜欢她那一头乌黑亮丽的长发。

有时候，老公回家累了，她便会靠着老公的肩头，轻声说道："老公，你就是咱们家的顶梁柱呀，有你真好。"然后便会给老公做一次按摩，让他彻底得到放松。当她穿衣服时，她还会故意对老公说："老公，我裙子后背拉不上去了，你能帮我拉一下后面的拉链吗？"说完便给他一个娇羞的表情，老公便心甘情愿地过来帮她。有时，她还会对老公说："老公，你的胡子很男人。"然后，让他用胡子扎一下自己的脸。她还会说："老公，听说不怕挠痒的男人不怕老婆，让我试试看。"然后，把他咯吱得忍不住，最后两人笑着滚到床上抱成一团，往下很自然地是比平时更投入的"性福"生活。

沁沁这个性感的女人，她的性感不是赤裸的暴露，也不是情欲的放纵，而是犹抱琵琶半遮面。沁沁的性感是对性的含蓄展示，犹如从窗缝里挤进的一丝春风、石隙中冒出的一棵小草一样楚楚动人，令人无法不受诱惑。这样的性感，对于老公而言，确实具有极大的魅力，能勾起他无限的爱欲，婚姻中若能这样，夫妻何愁不会幸福呢？

要想成为老公心目中性感的女神，其实并不难，但是也需要我们用心修炼才行。那么，我们具体要怎么做呢？

1.保养好我们的秀发

很多男人都喜欢女人有一头乌黑亮丽的秀发，这对男人来说是极具吸引力的。如果你不知道具体应该是什么样子，你可以去网上搜一搜范冰冰的照片。

2.要有一双迷人的眼睛

庾澄庆在《情非得已》里的第一句歌词便是“难以忘记初次见你，一双迷人的大眼睛，在我脑海里，你的身影挥散不去” 。对于女人来说，一双迷人的眼睛，让人沉溺其中而不能自拔。

3. 诱人的红唇

如果说眼睛是心灵的窗户，那么，女人性感的红唇是一杯窖酿的酒，是一道柔迷神离的风景。

4.要有迷人的身材

迷人的身材主要体现在女人的曲线美上，其中主要包括丰满的胸，纤细的腰、紧实的翘臀和修长的腿。

胸部是女人性感魅力的至极表现，所以，女人们要保养好自己的胸部，让它变得挺拔而饱满。纤细的腰让女人的身材变得更有曲线感。臀部在女性人体美当中由于其性感特点突出而占有重要地位。修长的腿对于女性整体美的身材、轮廓、曲线等都很重要。

5. 要白里透红中能掐出水来的肌肤

肌肤，是女人最美丽的一件衣服。拥有白里透红中能掐出水来的肌肤的女人是光彩照人、宛若天仙的。

6.别致的穿着

人靠衣装，马靠鞍。性感，也是可以穿出来的。有的女人知道穿什么衣服更能体现性感，也知道什么东西能让她们的优点表现得淋漓尽致，所以，她们总会穿一些能让自己性感的服装。不过，她们不会过多地暴露自己，因为她们明白，若隐若现比过度暴露更能令人感到兴奋。

7.充满柔情的言行

对于男人而言，女人撒娇的语言、挑逗的动作和充满诱惑力的眼神、微笑等，也都是非常性感的。

要想做个性感的女人，那就好好修炼以上这七条性感标准吧！因为当你有着十足的性感女人味时，就不愁你的老公不会爱死你！

重视浪漫情调，让幸福指数飙升

都说，真爱的保鲜期通常为18~30个月。有专家也曾指出：“爱情带来的幸福感只有3年。”激情终将会随着时间的流逝逐渐散去，那么我们应该如何让我们的爱情得以保鲜，让我们幸福的婚姻之花常开呢?

夫妻间的调情，是一门艺术，是一种健康的男女关系，是一种“调情文化”。一个懂得情调的女人一定更具魅力，一个有情调的女人一定是一个善于浪漫的女人，她们能为爱情和婚姻生活创造出无限的情趣。

有人说：“调情是言辞艺术里的示爱绝招。”夫妻之间的调情对增进双方的感情，使夫妻生活变得更加和谐美好有着极佳的效果。它会给你们平淡的生活带来一抹亮色，使生活变得更加轻松、活泼、有趣。

小楠和老公杨义是在一次朋友聚会上认识的。经过一段时间的相处，两人很快就进一步发展了，成了男女朋友。杨义很喜欢小楠，因为他觉得她是一个很有情调，懂得浪漫的女人。终于在一次精心准备的求婚仪式上，小楠答应了他的求婚。

婚后的生活，幸福而甜美。只要两个人在一起，他们就喜欢黏在一起，相互逗着玩，眼里处处流淌着高糖的暧昧。每天早上，两个人都会手拉手一起出门；睡觉前，都会有一次深情的拥吻。周末，杨义在厨房里给小楠做早饭，小楠就喜欢从身后搂着他，恭维道："老公，你做饭的时候好有男人味呀！"说完就会在他后背亲上一口。

后来，随着杨义事业的发展，他变得越来越忙碌。有时候，小楠早上醒来时已不见了老公的身影；而夜深了杨义才拖着疲惫的身躯回到家中，倒头就睡。在夫妻生活上，他也是速战速决，没有了之前的温存。

小楠觉得不能再这样下去了，于是，她想到了小别胜新婚，让自己消失一段时间。她向单位请了年假，只留了一张纸条告诉老公自己想出去走走，还偷偷地在桌子旁边的日历本上，标注了自己即将去的心仪已久的城市名。

一周时间过去了，突然有一天，小楠收到了老公发来的一条短信："你这个小妖精，要玩人间蒸发呀？打电话不接，发短信不回。难道你就不想你老公了吗？""想，怎么能不想呢？我看你每天都那么忙，出来溜达溜达，省得你每天还得照顾我呀！"小楠娇嗔地说道。"赶紧跟朕汇报你的行踪，顺便说一下你住在哪家酒店，我已经到你的地盘了。我花了一周时间加紧忙完了手头的工作，专程来抓我的小妖精回去的。"杨义催促道。

打开酒店房门的小楠看到了匆匆赶来的杨义，她直接就跳到了他身上，一边亲一边说："老公，没你在的日子，我都不知道该怎么过呢！太高兴了，你终于来解救我了！"杨义假装生气道："你下次还跑不跑了？看我不好好教训教训你。"说完，就抱着小楠进了卧室。小楠直呼："陛下，饶了臣妾吧！臣妾下次再也不敢了！"

经过这么一出离家出走的戏码，两个人感觉又回到了热恋时期。

对于婚姻中的男女来说，感情的交流是非常有必要的，但夫妻间调情也是必不可少的。据研究表明，有95%的男人都喜欢女人主动调情。因为调情是夫妻双方沟通情感、融洽气氛、缓解矛盾的一剂特效药。但是并不是所有的女人都善于调情。所以，当女人们意识到这一点时，就应该适当地学一学怎么调情，在时不时地对老公使用一些调情技巧时，效果保证好得出乎你的想象。

其实，调情的方式有很多种，如深情地凝视对方，让他感受到你的情感；试着撩拨一下自己的秀发，露出锁骨或一点点香肩；当你靠着他坐的时候，表现出不经意地触碰到他的手，等等。

女人们，不要再用以往的狭隘看法去看待调情了。请在自己心底再确认一遍：调情是一门艺术，它能让我们重燃初识时的恋爱之火，能让我们的婚姻生活变得更充实、更有情调，它还能让我们牢牢抓住爱人的心，增加相互之间的亲密度。婚姻之路说长不长，说短也不短，所以，让我们尽情地享受浪漫情调带来的幸福吧！

第八章

不断修炼，只为在婚姻中遇见更好的自己

你若芬芳，蝴蝶自来；你若盛开，幸福自来！

一个人唯有先懂得爱自己，才能更好地爱别人。所以，先斟满自己的杯子吧！让自己变得更加从容、平和而强大，珍惜所拥有的一切，活出更棒、更美好的自己。

爱人之前，先学会爱自己

你是否见过身边有不少这样的夫妻，他们恩爱地共同生活了好多年，突然有一天他们离婚了，然后，女的哭天抢地地和她周遭的朋友诉说自己的悲惨遭遇：“我对他那么好，舍不得吃，舍不得穿，心甘情愿为他做了所有的事情，我为他付出了一切，辛辛苦苦操持着这个家，他就是个‘陈世美’，说离婚就离婚，这么绝情，他根本就不爱我。”

朋友们在一边劝她想开点的时候，一边在心里默默地说道：“自从结婚以后，你都不爱你自己了，你凭什么要求他爱你一辈子呢？”所以，幸福的秘密不在于获得别人的爱，而是要好好地珍爱自己。

都说“做女人难，做好女人更难”，既然如此，为什么不对自己好一点儿呢？做女人，就要做一个精致的女人，做一个爱自己的女人。然而，一个女人，也许要等到看透了人世间的分分合合，才会渐渐明白这个道理。太多的女人觉得自己结婚以后就应该全心全意地做个贤妻良母，而不应该想别的。

她们口中所谓的“贤妻良母”就是每天照顾好家庭成员的一日三餐。整日循规蹈矩、兢兢业业地为家庭打工，从早到晚拼死拼活努力工作，赚的钱大把大把地花在老公和孩子身上，自己却连一件像样的衣服都不舍得买。穿着睡衣出入菜市场买菜也是再平常不过的事。日复一日，年复一年地只知道围着家庭转，为家庭付出。

然而，终日的操劳和岁月的侵蚀，让皱纹渐渐爬上了你的额头，让你的身材变得臃肿不堪，所有的关于让你更美的美容、护理、健身、学习等，你都毫不关心，更别说花精力在自己的穿着打扮上了。

试想，哪个男人会愿意和这样的女人过一辈子呢？

饱受负疚感折磨的肖速说："多年来，我一而再再而三地背叛自己的妻子。我觉得非常愧疚。她确实是一个非常好的'贤妻良母'，她包揽了所有的家务，把家收拾得干净整洁，把地擦得一尘不染，饭菜也做得很香，把我父母、孩子还有我也照顾得很好。但是每次我想对她亲热时，她总是一副应付了事的态度。而且现在的她变得越来越邋遢，不修边幅，和结婚前那个爱打扮的她完全是判若两人。我对她真的越来越没有感觉了。我是一个正常的男人，我喜欢漂亮的女人，一见到她们，我就像着了魔一般，整个人充满了活力，我根本控制不住我自己。但是，事后我又会非常后悔，毕竟我是有家室的人。其实如果她愿意为我改变，多爱自己一些，变得像结婚以前一样，我还是会非常爱她的。"

当然，你也会发现你身边有另一种女人的存在。她嫁给谁都幸福，跟谁在一起都能找到快乐。即使婚姻多年，她依然对生活充满活力，还能和爱人不断寻找生活的乐趣。这种女人有一个共同点，那就是她懂得爱自己。

爱自己的女人拥有强大的内心。她懂得如何去爱别人，懂得幸福需要靠自己去创造，而不是向他人索取。她知道无论内心多爱一个人，都要把那份爱分成两半，一半给婚姻，另一半留给自己。

爱自己的女人懂得遵照自己的内心而活，她和周围的很多人的关系都很好，因为一个自身充满爱的人，才知道怎么去给予别人爱。

爱自己的女人就是自己能拥有的全部。蔡康永说："你很重要，因为你就是你能拥有的全部。你存在，整个世界才存在。你看得到阳光，整个世界才看得到阳光。你失去平衡，世界就失去平衡。"你就是自己的一切。女人只有爱自己，才能让自己快乐，让你身边的人快乐。

爱自己的女人，独立，有担当，对自己负责；有一定的经济收入和工作能力，能够养活自己。

爱自己的女人有很强的自我调整能力。在面对生活中的苦难和不幸时，她不会就此消沉，而是懂得承担并积极努力地进行自我调整，尽量让自己快速地从人生的低谷中走出来，重新开始全新的生活。

效颖刚结束了一段失败的婚姻，逃出了婚姻的围城。结婚四年，分居两年，有一个两岁的儿子。

效颖和老公孙铭是自由恋爱的，虽然当时家里人也给她介绍了好多老家的条件非常不错的小伙子，但是从小就缺乏父爱的效颖最终没能经得住比她大八九岁的孙铭的甜言蜜语。很快，她就和这个来自外地的孙铭结婚了。

婚后，效颖才发现两人的性格完全不合适。孙铭为人小气，生性多疑，脾气暴躁。工作一不顺利，他便对效颖大发雷霆。效颖没及时洗衣服，他便会说她一天到晚就不干正事，连个老公都伺候不好。效颖怀孕后每天都处于生气的状态。最后两人简直到了水火不相容的地步，每天家里都会上演“世界大战”，直到双方都身心俱疲，最终以离婚收场。

离婚后的效颖低沉了一段时间，她觉得那一段婚姻对她来说，简直就是一个噩梦。好在一切都过去了，她觉得自己又活过来了，不需要照顾他人的感受，自己一个人，想干什么就干什么，每天她都把自己打扮得光鲜靓丽，她再也不是那个一把鼻涕一把泪向闺蜜哭诉的人了，她好像又回到了活力无限的少女时代，就像她自己所说的一样，她重新找回了自信，也重新找回了本应该属于她的生活。

现在的她一边工作，一边创业，周六日有空就把儿子接过来带他好好玩两天。工作之余，做美容、吃大餐、健身就是她最喜欢做的事情。都说离过婚的女人不太好找老公，她却笑了笑说：“自从我离婚以后，我才知道自己是最重要的。其实你只需要把自己照顾好了，懂得好好爱自己，就不怕别人不会爱你。我现在都不知道挑哪个男人做我的老公好了，因为追我的人实在是太多了，而且他们和我的儿子关系都很好。”

作为一个女人，要知道，想拥有幸福的婚姻生活，就必须从爱自己开始，因为你若芬芳，蝴蝶自来；你若盛开，幸福自来。

学会接纳不完美

很多女人都喜欢完美，遗憾的是生活中有太多的不完美。我们希望自己能美若天仙，上天却没有给我们一副姣好的容貌；我们希望自己能多才多艺、卓越成功，上天却没有给我们太多的智慧；我们希望自己能嫁一个“高富帅”，上天却偏偏让我们爱上“矮穷矬”；我们希望世界上所有的人都能喜欢自己，上天却像是在捉弄我们一般，把所有我们不喜欢的人安排在我们周围。

所有的这一切，不论我们接受与否，它们都如铁般的事实摆在了我们的眼前，让我们无法控制和把握。

卡耐基先生曾说过这么一句话：“要想拥有持久的快乐，就必须摆脱完美主义的魔咒。”那种事事要求完美，不做到完美誓不罢休的女人的最终结果只能让自己深陷失望的泥潭而无法自拔。

有个叫尹帆的青年，一直希望自己的人生是完美的。当然对于已到适婚年龄的他来说对另一半的要求也是如此。于是，他打了份报告递给上帝，请求在他赐于自己一个完美妻子。

上帝沉默了一会儿，但看在尹帆执着的份儿上，决定让他真实地感受一下。

上帝让尹帆碰上了一位绝顶漂亮的姑娘，姑娘也倾心于他。很快，二人便结成夫妻。不久，尹帆发觉姑娘虽然很漂亮，可是她不会说话，办起事来也笨手笨脚，生活中的两人简直无法沟通。于是，他对上帝说："这个姑娘虽然漂亮但是不完美，请您再赐予我一个完美的妻子吧！要聪明能干的。"

于是，上帝让尹帆第二次的婚姻对象，除了绝顶漂亮以外，又加上了绝顶能干和绝顶聪明，这可谓是无可挑剔了吧。可是，没过多久，尹帆发现这个女人的脾气有点坏，个性极强。聪明成了她讽刺尹帆的本钱，能干成了她捉弄尹帆的手段。在一起时，他不像是她的丈夫，倒像她的牛马、她的仆人。尹帆无法忍受这种折磨，他祈求上帝再赐予他一个在此基础上有好脾气的妻子。上帝笑了笑，应允了。

尹帆第三次成婚时，他的妻子的优点里又加上了"好脾气"这一条，婚后二人恩爱有加。不料，半年后，娇妻患上了重病，卧床不起，一张病态脸很快就抹去了年轻和漂亮，能干如水中之月，聪明也毫无用处，好脾气也被病痛折磨得所剩无几了。

生活中不乏像尹帆这样的人，他们总是不满足于现在，不满足于自己所拥有的，想通过不断地追求、改变，得到完美的爱人，到头来却都不能如自己所愿。

季羡林老先生曾在文章中说："每个人都在争取一个完满的人生。然而，自古及今，海内海外，一个百分之百完满的人生是没有的，不完满才是人生。”是的，月有阴晴圆缺，人有悲欢离合，命有否泰变化，年有四季更替。熬过漫漫长夜，你便会见到黎明；饱受疾苦，你就会拥有快乐；耐过寒冬，你便无须蛰伏；落尽寒梅，你便会企盼新春。人生不如意事十之八九，人生似崎岖的山路一样，凹凸不平，总有缺憾，这正是人生。

而对于追求完美的人来说，她们的满足感只有在达到完美目标的一刹那而已，在整个过程中是充满着焦虑的。在达到目标后，她立即又会有新的目标出现，于是新的不满足又产生了。这使得她们的快乐变得非常短暂。而且由于她们的挑剔，周围的人会感到不舒服，反而会影响自己的情绪和工作满足感。

在婚姻中，可能我们自私、软弱、爱攀比、控制欲强……所有这些潜藏在我们内心深处的缺点，我们都在极力地掩饰、压抑。而为了掩饰心中的阴影，我们只能去欺骗别人，同时也欺骗自己。我们给自己戴上了一层面具，不让真实的想法流露出来。随着时间的流逝，我们逐渐习惯了这层面具，忘记了面具下面还有一个真实的自己。尽管我们在生活中屡屡经历失败，却仍然刻意压抑内心的想法。我们蒙起眼睛，堵住耳朵，拒绝看到真实的自己，拒绝聆听内心的声音。

接纳和拥抱心中的阴影，可以让你的生活发生彻底的转变，宛如丑陋的毛毛虫破茧而出，化为美丽的蝴蝶。你不必再刻意掩饰，不必再假装成另一个人，也不必再努力证明自己，因为那时你会拥有足够的自信。拥抱阴影，找回自我，你就可以自由追求自己想要的生活。

爱自己，接纳自己，让完整的自我充分表达出来，不去刻意掩饰内心的“缺陷”，这是每一个婴儿与生俱来的本性。然而，随着年龄的增长，我们会受到周围人们的影响，开始刻意讨别人的喜欢，把那些可能惹人生气的想法深深掩藏起来。结果，在长大的过程中，我们也就逐渐丧失了纯真自由的本性。

爱包容了一切感情——也包括那些我们努力掩饰的想法和感情。荣格曾说："与其做好人，我宁愿做一个完整的人。"在努力做"好人"，努力追求别人承认的同时，我们是否已经迷失了真实的自我？

世界上，十全十美的东西是不存在的，寻找完美只是在寻找一种感觉，甚至是错觉，完美永远寻找不到。你可能会找到美好的花朵，但你无法找到完美无缺的美丽。当我们抛开了对完美的幻想，收获的可能是埋藏在平凡和朴实中的幸福。

时刻告诉自己：完美只是一种理想的状态，现实中并不存在。那种完美主义者的遥不可及、高立于云端之上的标准，只能给自己带来焦虑、羞愧甚或沮丧。女士们，要知道追求完美的人是不会快乐的，聪明的女人要学会接受不完美的自己、不完美的一切，因为有时候不完美的事物反而能让你拥有别样的幸福。

做好自己的幸福心灵导师

请扪心自问："结婚以后，我幸福吗？"或许有一些人会回答"幸福”，但更多的人会回答“不知道”，因为她们不知道如何回答。还有一些人根本就不知道幸福为何物。

那么，幸福是什么呢？有人说“有爱就有幸福”，有人说“有钱就有幸福”，有人说“有汽车、别墅才叫幸福”，有人说“一家人健健康康、平平安安就是幸福”。确实，每个人对幸福的定义都是各不相同的。权威的对“幸福”的解释是一种持续时间较长的对现有生活的满足感，并希望保持现有状态的稳定心情。也就是说，它是一种持续的、稳定的愉悦心境。

亚里士多德说：“幸福就是自足，幸福的自足就是无求于外物而自满自足。”活得幸福与否，取决于一个人的心态，与金钱、地位、权力等都无关。换句话说，幸福是一种感觉。

所以，在婚姻生活中，女人的心态是很重要的。即使生活不那么尽如人意，但是只要你乐观面对，那么幸福就会一直围绕在你身边，让你开心地度过每一天。然而，如果你有一个不好的心态，纵使家财万贯、老公疼、婆婆爱，你也会认为幸福只是在别人眼里，最终，幸福也将弃你而去。

小薇嫁给了一个来自农村的家境一般的男人，但经过两个人的共同努力，终于贷款买房、买车了。不久，小薇又生了个儿子。

在朋友眼中，小薇是幸福的，因为老公对她疼爱有加，儿子也是聪明可爱。可小薇却不这么认为，她觉得自己并不幸福：嫁人了还得自己跟着一起掏钱买房，一起还房贷、车贷，现在又多了个儿子要养，自己的生活水平在直线下降。

回想起之前曾经追过自己的男孩，早就全款买了车买了房，挣得又多，小薇后悔不已。她终日唉声叹气，一有不顺心的事情就冲着老公大发脾气。

有一次，小薇生日，老公为了讨她欢心，特地精心挑选了一款口红打算送给她。结果，小薇一看，便气不打一处来："这是什么呀？杂牌的口红谁稀罕呀？我一年也就过这么一次生日，你不给我买个高档的口红也就算了，你了不了解我呀？我什么时候涂过这种颜色的口红，简直老土得要死。"说完，就把口红随手扔到了老公身上。

小薇的老公一生气，直接把口红扔进了旁边的垃圾桶，说："我知道你一直对我不满意，那行，你去找能令你满意的白马王子去吧！"

经过这么一争吵，老公对小薇的感情大不如前了。

其实，女人嫁得好不好，幸福不幸福，不在于男人的条件，而在于女人的心态。像小薇这样心态不好的女人，只要生活中有一点儿不如意，就会抓住并无限放大。心态好的女人，即便没车没房也会觉得幸福。拥有这种心态的女人，她们眼里没有羡慕、嫉妒、痛苦和忧愁，她们不会盲目地去攀比，更不会把自己的老公看得一无是处。她们会用自己的蕙质兰心去驾驭好自己的生活，让老公变得越来越出色，让自己的生活越过越好。这样的女人才会是嫁得最好、找到如意归宿的幸福女人。

要知道，一个幸福的人不是因为她拥有很多，而是因为她计较得少，懂得发现和寻找且具有博大的胸襟、雍容大雅的风度。幸福其实很简单，只要从容处世，看淡得失，积极努力地发掘生活中美好的一面，幸福的感觉就会接踵而来。

与小薇不同的是，茜茜就是这样一个连她走路都能听出她幸福感的女人。

茜茜也嫁了一个家境不是太好的老公，但是夫妻二人一直都是恩爱有加，相互扶持。因为茜茜知道“夫妻同心，其利断金”，只要自己和老公一起努力，幸福就会跟着自己跑。

结婚时，没车没房。茜茜就和老公说：“老公，没事儿，我们现在先租房子住，我相信，以你的能力，咱们很快就能有一个我们的小窝的。我们一起加油。”老公感动地将茜茜拥入怀中。

老公一边上班，一边接一些兼职，很快他们就凑够了首付，在郊区买了一个小房子。入住的那一天，茜茜兴奋极了，她对老公说：“老公，你真是太厉害了，我们居然这么快就实现了这么大的一个梦想，我们终于有了自己的家。”

虽然日子过得有点儿紧巴，但茜茜一直觉得自己嫁得不错，老公有上进心，懂得努力，还那么照顾自己。为了分担老公的辛苦，茜茜也变得更加体贴，她从来不对老公有任何要求，经常问老公需不需要这个，需不需要那个。她还经常给老公讲身边发生的有意思的事情，听得老公哈哈直乐。

日子就这样一天天地过着，茜茜觉得自己幸福极了。

幸福的女人大多会进行自我调整。虽然她们的生活可能并不是那么如意，但是她们总是喜欢微笑着、充满阳光地去面对一切。她们不会盲目攀比，只会脚踏实地地做好自己该做的事情，善待一切自己关心的人。同时，她们在对自己充满自信的情况下也能清楚地认清自己，努力争取但不虚荣。如此，再多的不如意和伤痛对她们来说，都不是问题。而此时，幸福也在不远处等着她们。

所以，作为女人的我们要学习做自己的心灵导师，为心灵导引方向，让它变得更加从容、平和而强大。

婚姻路上要懂得且行且珍惜

有人说："婚姻中的两个人，就像是行走在沙漠里的一对游客。开始的时候感受着脚下的绵绵细沙，背着满满一壶的幸福，激情澎湃地去实现自己的梦想。慢慢地，时间长了，也走得远了。当初的激情已经被沙漠的险恶所磨灭，取而代之的是身心的疲惫，再次举目，沙漠的尽头还很遥远，回去的道路又不见了踪影，猛然间才醒悟，原来梦想不一定都是美好的。"想象一下这个故事的结局，两个人于是分道扬镳，各自寻找出路。

现如今，很多婚姻皆是如此。他们经不起生活的平淡，相互之间不懂得包容，矛盾纷争不断，最终让烙印胸口的朱砂痣变成了墙上已然褪色的蚊子血，让甜蜜的婚姻最终以悲伤的结局收尾。

然而，有一位作家说得好："婚姻是窗前的一盏灯，失去了它，你才知道什么是荒山野径。”由此可见，婚姻尽管平淡，但失去了婚姻，失去了爱的你，便会感到寂寞无助。在平淡中见真情，只有懂得珍惜，他才能陪你走得更长、更久。

君琳和高宇结婚二十多年了，但他们的婚姻生活并不幸福。两人总会因为一些鸡毛蒜皮的小事吵得不可开交。

比如，君琳嫌高宇每天下班回家啥活儿也不干，就等着饭菜上桌开饭。高宇则嫌君琳每次都把菜炒得太咸，把饭煮得太硬了。

有一次，有几个亲戚突然到他们家里来做客，君琳忙着接待客人，又是端茶倒水，又是在厨房洗菜炒菜，而高宇当时因为单位领导临时找他有事，便匆匆出门了，忘了跟君琳说一声。

就因为这事，君琳觉得特别委屈，等高宇从单位回来，她就一把鼻涕一把泪地控诉：“你知不知道我今天在家里忙前忙后快把自己累趴下了，你倒好，就知道出去潇洒，当甩手掌柜！我要你这种老公有什么用？”

听到君琳的指责，在单位累了一天的高宇也有些火大：“我哪里是去潇洒了？我为了这个家每天都在努力赚钱，你非但不体谅我，还总是拿这些芝麻绿豆的小事烦我，我要你这种老婆有什么用？”

多年的积怨不断发酵，终于在这一刻统统爆发出来，两个人互不相让，你一句我一句地相互指责、控诉，当天就闹到了民政局，把婚离了。

然而，令众人大跌眼镜的是，这两人离婚不到半年，竟然又复婚了。为此，亲朋好友都揶揄他俩：“你们两个人的岁数加起来都一百多了，怎么还像个小孩子似的，说离就离，说合就合。”

面对亲友们的调侃，君琳和高宇一点也不介意，俩人亲亲热热地挽着手，冲所有人咧嘴一笑，那模样，那神态，看起来竟然好像一对才新婚不久的小夫妻。

原来，君琳和高宇离了婚分开过之后，他们才开始慢慢体会到对方的不容易，才渐渐明白彼此在自己生命中的重要性。

在独居的生活里，每当家里的电器坏了、下水道堵了时，君琳就会想起高宇的好。哪一次不是高宇耐心地将电器修好，不嫌脏不怕臭地将下水道疏通了。除此之外，每当下雨天，君琳的风湿腿毛病犯了，疼得难受、睡不着，都是高宇帮她揉到睡着……

而高宇呢，离婚之后，他就开始想念君琳每天做的一日三餐，尽管有时候菜炒咸了，饭也没做得那么软，但他下班一回家就有热饭菜等着自己，又有什么好挑剔的呢？不仅如此，有女人的家都是窗明几净、一尘不染的，而现在自己住的屋子脏乱差到了极致……

就这样，君琳开始自责自己不体谅高宇在外工作的辛苦，而高宇则开始理解君琳在家中忙碌的不易。双方都觉得自己之前是身在福中不知福，把对方对自己的好当成了理所当然。

最终，两个人又和好如初了，复婚自然也就是水到渠成的事了。

在平淡的生活中，或因为习惯，或因为太过熟悉了，或因为没了距离和神秘感，我们开始将对方为我们做的事情视为理所当然，更有甚者熟视无睹，没有了感觉。这时的我们停止了对婚姻的珍惜和感恩，放弃了对婚姻的维持和努力，将深爱的人无情地摧残，那么，我们终将让自己陷入迷茫孤独的境地。

记得由周星驰和朱茵主演的《大话西游》里有这样一句话：曾经有一

份真爱摆在我面前，我没有珍惜，如果时光能够倒流，我会对她说："我爱你"，如果非要给这份爱加一个期限的话，我希望是一万年。这句堪为经典的话同时也在启发我们：如果我们不懂得珍惜现在拥有的感情、家庭、婚姻，那么，等我们失去的时候，后悔都来不及了。

正所谓，百年修得同船渡，千年修得共枕眠。两个原本陌生的人因为冥冥之中的缘分走到一起，从此携手一生，同舟共济，同甘共苦，这是非常难得的，也是非常宝贵的，我们每个人都应该加倍珍惜。毕竟人生的路漫长而不好走，有另一半愿意和你一起走过风雨，涉过坎坷而依然无怨无悔，我们更应该懂得感恩。

所以，请珍惜婚姻，珍惜现在我们的幸福吧！用心去呵护一个温馨的家，用爱去经营一个甜蜜的家吧！只有这样，我们的婚姻才能够幸福长久。

你值得拥有更好的自己

有人说："上天没有给你想要的，不是因为你不配，而是你值得拥有更好的自己。"这时，肯定会有人立刻跳出来反驳："现如今，鸡汤遍地都是，这么明显的狗血鸡汤你也喝得下去？还不如现实一点儿，看透一切。"不可否认，对于这些反驳之人来说，她们最后的人生确实会如她们所愿，因为打从心底她们就认为自己不配成为更好的自己。

其实，在每个人的内心深处，都有一个美丽新世界。那里有你想过上的生活，想成为的更好的自己。但是不知道从什么时候开始，有的人在现实中迷失了自己，或被残酷的生活打压得遍体鳞伤，于是她们开始变得懒惰、无趣、虚荣、悲观，被困在负面的陷阱里而无法自拔。可怕的是，渐渐地，她们似乎已经习惯了，甘于成为这样的自己。然而，这只是胆小鬼的做派，她们害怕自己在做出任何改变的时候又被打回原形。

可是，没有人能随随便便成功，就像化蛹成蝶般，没有经历磨难和蛰伏，哪来华丽的蜕变？也许每个人的生命里，都有过一段生不如死的时光，特别累，特别迷茫，特别想放弃。但是坚持住，熬过来，天就亮了，春天就来了。要知道，不念过去，不畏将来，如此才能遇见那个更好的自己。

在张幼仪怀有身孕时，她发现了一封信：

“我不是那种滥用感情的女子，你若真的能够爱我，就不能给我一个尴尬的位置，你必须在我与张幼仪之间做出选择……”

其实，这是林徽因写给徐志摩的信，无意间却被张幼仪看到，让她欲哭无泪。

此时的徐志摩一心想和林徽因在一起，便让张幼仪把孩子打掉，但张幼仪却担心打胎有风险，因为她曾听说过有人因为打胎死掉了。

徐志摩不以为然道：“还有人因为坐火车死掉的呢，难道你看到人家这样就不坐火车了吗？”

此时的张幼仪对他彻底绝望了，便和徐志摩结束了自己的第一段婚姻。后来，她带着几个月大的儿子离开汉堡，来到柏林，开始了崭新的人生。在德国生活的几年，张幼仪脱胎换骨，早已不似当年那般唯唯诺诺、谨小慎微，反而成为一个独立、自信的女人。此时的她也迎来了自己的第二段感情。

回国后，被邀请至东吴大学教授德文课，张幼仪做得游刃有余。一年后，她又担任了上海女子商业储蓄银行副总裁。与此同时，张幼仪的经商天赋慢慢显露了出来，投资在股市里的钱也是挣得盆满钵满。

离婚，对于当时的女人的打击是非常大的。张幼仪却坚定地走好了自己的每一步，虽然充满荆棘，但她却甘之如饴。因为她知道，历尽种种磨难，终究变成自己喜欢的样子，遇见了更好的自己。

所以，女人们，不要轻信婚姻和家就是一个安乐窝，不要让它成为你故步自封，原地踏步的借口。美好的婚姻是让你得以不断成长，而家是在你不断成长的过程中得以休憩、疗伤的避风港，是你成为更好的自己的加油站。所以，当你对自己的现状还不太满意时，千万别害怕，也别委屈自己，因为你是时候去为遇见那个更好的自己努力了。